POLONAIS
VOCABULAIRE

POUR L'AUTOFORMATION

FRANÇAIS
POLONAIS

Les mots les plus utiles
Pour enrichir votre vocabulaire et aiguiser
vos compétences linguistiques

3000 mots

Vocabulaire Français-Polonais pour l'autoformation. 3000 mots
Dictionnaire thématique

Par Andrey Taranov

Les dictionnaires T&P Books ont pour but de vous aider à apprendre, à mémoriser et à réviser votre vocabulaire en langue étrangère. Ce dictionnaire thématique couvre tous les grands domaines du quotidien: l'économie, les sciences, la culture, etc ...

Acquérir du vocabulaire avec les dictionnaires thématiques T&P Books vous offre les avantages suivants:

- Les données d'origine sont regroupées de manière cohérente, ce qui vous permet une mémorisation lexicale optimale
- La présentation conjointe de mots ayant la même racine vous permet de mémoriser des groupes sémantiques entiers (plutôt que des mots isolés)
- Les sous-groupes sémantiques vous permettent d'associer les mots entre eux de manière logique, ce qui facilite votre consolidation du vocabulaire
- Votre maîtrise de la langue peut être évaluée en fonction du nombre de mots acquis

T&P Books Publishing
www.tpbooks.com

ISBN: 978-1-78071-233-8

Ce livre existe également en format électronique.
Pour plus d'informations, veuillez consulter notre site: www.tpbooks.com ou rendez-vous sur ceux des grandes librairies en ligne.

VOCABULAIRE POLONAIS POUR L'AUTOFORMATION
Dictionnaire thématique

Les dictionnaires T&P Books ont pour but de vous aider à apprendre, à mémoriser et à réviser votre vocabulaire en langue étrangère. Ce lexique présente, de façon thématique, plus de 3000 mots les plus fréquents de la langue.

- Ce livre comporte les mots les plus couramment utilisés
- Son usage est recommandé en complément de l'étude de toute autre méthode de langue
- Il répond à la fois aux besoins des débutants et à ceux des étudiants en langues étrangères de niveau avancé
- Il est idéal pour un usage quotidien, des séances de révision ponctuelles et des tests d'auto-évaluation
- Il vous permet de tester votre niveau de vocabulaire

Spécificités de ce dictionnaire thématique:

- Les mots sont présentés de manière sémantique, et non alphabétique
- Ils sont répartis en trois colonnes pour faciliter la révision et l'auto-évaluation
- Les groupes sémantiques sont divisés en sous-groupes pour favoriser l'apprentissage
- Ce lexique donne une transcription simple et pratique de chaque mot en langue étrangère

Ce dictionnaire comporte 101 thèmes, dont:

les notions fondamentales, les nombres, les couleurs, les mois et les saisons, les unités de mesure, les vêtements et les accessoires, les aliments et la nutrition, le restaurant, la famille et les liens de parenté, le caractère et la personnalité, les sentiments et les émotions, les maladies, la ville et la cité, le tourisme, le shopping, l'argent, la maison, le foyer, le bureau, la vie de bureau, l'import-export, le marketing, la recherche d'emploi, les sports, l'éducation, l'informatique, l'Internet, les outils, la nature, les différents pays du monde, les nationalités, et bien d'autres encore …

TABLE DES MATIÈRES

LA FLORE   92

LES PAYS DU MONDE   96

GUIDE DE PRONONCIATION

Lettre	Exemple en polonais	Alphabet phonétique T&P	Exemple en français

Voyelles

A a	fala	[a]	classe
Ą ą	są	[ɔ̃]	contrat
E e	tekst	[ɛ]	faire
Ę ę	pięć	[ɛ]	magicien
I i	niski	[i]	stylo
O o	strona	[ɔ]	robinet
Ó ó	ołów	[u]	boulevard
U u	ulica	[u]	boulevard
Y y	stalowy	[ɪ]	capital

Consonnes

B b	brew	[b]	bureau
C c	palec	[ts]	gratte-ciel
Ć ć	haftować	[ʧ]	match
D d	modny	[d]	document
F f	perfumy	[f]	formule
G g	zegarek	[g]	gris
H h	handel	[h]	h aspiré
J j	jajko	[j]	maillot
K k	krab	[k]	bocal
L l	mleko	[l]	vélo
Ł ł	głodny	[w]	iguane
M m	guma	[m]	minéral
N n	Indie	[n]	ananas
Ń ń	jesień	[ɲ]	canyon
P p	poczta	[p]	panama
R r	portret	[r]	racine
S s	studnia	[s]	syndicat
Ś ś	świat	[ɕ]	chiffre
T t	taniec	[t]	aventure
W w	wieczór	[v]	rivière
Z z	zachód	[z]	gazeuse
Ź ź	żaba	[ʑ]	gin, régime
Ż ż	żagiel	[ʒ]	jeunesse

Lettre	Exemple en polonais	Alphabet phonétique T&P	Exemple en français

Combinaisons de lettres

ch	ich, zachód	[ɦ]	anglais - behind, finnois - raha
ci	kwiecień	[tʃ]	match
cz	czasami	[tʃ]	match
dz	dzbanek	[ʣ]	pizza
dzi	dziecko	[ʥ]	jean
dź	dźwig	[ʥ]	jean
dż	dżinsy	[j]	maillot
ni	niedziela	[ɲ]	canyon
rz	orzech	[ʒ]	jeunesse
si	osiem	[ɕ]	chiffre
sz	paszport	[ʃ]	chariot
zi	zima	[ʑ]	gin, régime

Remarques

Qq, Vv, Xx : caractères employés uniquement dans les mots d'origine étrangère

ABRÉVIATIONS
employées dans ce livre

adj	-	adjective
adv	-	adverbe
anim.	-	animé
conj	-	conjonction
dénombr.	-	dénombrable
etc.	-	et cetera
f	-	nom féminin
f pl	-	féminin pluriel
fam.	-	familiar
fem.	-	féminin
form.	-	formal
inanim.	-	inanimé
indénombr.	-	indénombrable
m	-	nom masculin
m pl	-	masculin pluriel
m, f	-	masculin, féminin
masc.	-	masculin
math	-	mathematics
mil.	-	militaire
pl	-	pluriel
prep	-	préposition
pron	-	pronom
qch	-	quelque chose
qn	-	quelqu'un
sing.	-	singulier
v aux	-	verbe auxiliaire
v imp	-	verbe impersonnel
vi	-	verbe intransitif
vi, vt	-	verbe intransitif, transitif
vp	-	verbe pronominal
vt	-	verbe transitif
n	-	neutre

CONCEPTS DE BASE

1. Les pronoms

je	ja	[ja]
tu	ty	[tɪ]
il	on	[ɔn]
elle	ona	['ɔna]
ça	ono	['ɔnɔ]
nous	my	[mɪ]
vous	wy	[vɪ]
ils, elles	one	['ɔnɛ]

2. Adresser des vœux. Se dire bonjour

Bonjour! (fam.)	Dzień dobry!	[dʒeɲ 'dɔbrɪ]
Bonjour! (form.)	Dzień dobry!	[dʒeɲ 'dɔbrɪ]
Bonjour! (le matin)	Dzień dobry!	[dʒeɲ 'dɔbrɪ]
Bonjour! (après-midi)	Dzień dobry!	[dʒeɲ 'dɔbrɪ]
Bonsoir!	Dobry wieczór!	[dɔbrɪ 'vetʃur]
dire bonjour	witać się	['vitatʃ ɕɛ̃]
Salut!	Cześć!	[tʃɛɕtʃ]
salut (m)	pozdrowienia (pl)	[pɔzdrɔ'veɲa]
saluer (vt)	witać	['vitatʃ]
Comment ça va?	Jak się masz?	[jak ɕɛ̃ maʃ]
Quoi de neuf?	Co nowego?	[tsɔ nɔ'vɛgɔ]
Au revoir!	Do widzenia!	[dɔ vi'dzɛɲa]
À bientôt!	Do zobaczenia!	[dɔ zɔbat'ʃɛɲa]
Adieu! (fam.)	Żegnaj!	['ʒɛgnaj]
Adieu! (form.)	Żegnam!	['ʒɛgnam]
dire au revoir	żegnać się	['ʒɛgnatʃ ɕɛ̃]
Salut! (À bientôt!)	Na razie!	[na 'raʒe]
Merci!	Dziękuję!	[dʒɛ̃'kue]
Merci beaucoup!	Bardzo dziękuję!	[bardzɔ dʒɛ̃'kuɛ̃]
Je vous en prie	Proszę	['prɔʃɛ̃]
Il n'y a pas de quoi	To drobiazg	[tɔ 'drɔbʲazk]
Pas de quoi	Nie ma za co	['ne ma 'za tsɔ]
Excuse-moi! Excusez-moi!	Przepraszam!	[pʃɛp'raʃam]
excuser (vt)	wybaczać	[vɪ'batʃatʃ]
s'excuser (vp)	przepraszać	[pʃɛp'raʃatʃ]
Mes excuses	Przepraszam!	[pʃɛp'raʃam]

Pardonnez-moi!	Przepraszam!	[pʃɛp'raʃam]
pardonner (vt)	wybaczać	[vɪ'batʃatʃ]
s'il vous plaît	proszę	['prɔʃɛ]

N'oubliez pas!	Nie zapomnijcie!	[ne zapɔm'nijtʃe]
Bien sûr!	Oczywiście!	[ɔtʃɪ'viɕtʃe]
Bien sûr que non!	Oczywiście, że nie!	[ɔtʃɪviɕtʃe ʒɛ 'ne]
D'accord!	Zgoda!	['zgɔda]
Ça suffit!	Dosyć!	['dɔsɪtʃ]

3. Les questions

Qui?	Kto?	[ktɔ]
Quoi?	Co?	[tsɔ]
Où? (~ es-tu?)	Gdzie?	[gdʑe]
Où? (~ vas-tu?)	Dokąd?	['dɔkɔ̃t]
D'où?	Skąd?	[skɔ̃t]
Quand?	Kiedy?	['kedɪ]
Pourquoi? (~ es-tu venu?)	Dlaczego?	[dʌat'ʃɛgɔ]
Pourquoi? (~ t'es pâle?)	Czemu?	['tʃɛmu]

À quoi bon?	Do czego?	[dɔ 'tʃɛgɔ]
Comment?	Jak?	[jak]
Quel? (à ~ prix?)	Jaki?	['jaki]
Lequel?	Który?	['kturɪ]

De qui?	O kim?	['ɔ kim]
De quoi?	O czym?	['ɔ tʃɪm]
Avec qui?	Z kim?	[s kim]

| Combien? | Ile? | ['ile] |
| À qui? (~ est ce livre?) | Czyj? | [tʃɪj] |

4. Les prépositions

avec (~ toi)	z	[z]
sans (~ sucre)	bez	[bɛz]
à (aller ~...)	do	[dɔ]
de (au sujet de)	o	[ɔ]

| avant (~ midi) | przed | [pʃɛt] |
| devant (~ la maison) | przed | [pʃɛt] |

sous (~ la commode)	pod	[pɔt]
au-dessus de ...	nad	[nat]
sur (dessus)	na	[na]

| de (venir ~ Paris) | z ... , ze ... | [z], [zɛ] |
| en (en bois, etc.) | z ... , ze ... | [z], [zɛ] |

| dans (~ deux heures) | za | [za] |
| par dessus | przez | [pʃɛs] |

5. Les mots-outils. Les adverbes. Partie 1

Où? (~ es-tu?)	Gdzie?	[gdʒe]
ici (c'est ~)	tu	[tu]
là-bas (c'est ~)	tam	[tam]
quelque part (être)	gdzieś	[gdʒeɕ]
nulle part (adv)	nigdzie	['nigdʒe]
près de …	koło, przy	['kɔwɔ], [pʃɪ]
près de la fenêtre	przy oknie	[pʃɪ 'ɔkne]
Où? (~ vas-tu?)	Dokąd?	['dɔkɔ̃t]
ici (Venez ~)	tutaj	['tutaj]
là-bas (j'irai ~)	tam	[tam]
d'ici (adv)	stąd	[stɔ̃t]
de là-bas (adv)	stamtąd	['stamtɔ̃t]
près (pas loin)	blisko	['bliskɔ]
loin (adv)	daleko	[da'lɛkɔ]
près de (~ Paris)	koło	['kɔwɔ]
tout près (adv)	obok	['ɔbɔk]
pas loin (adv)	niedaleko	[neda'lekɔ]
gauche (adj)	lewy	['levɪ]
à gauche (être ~)	z lewej	[z 'levɛj]
à gauche (tournez ~)	w lewo	[v 'levɔ]
droit (adj)	prawy	['pravɪ]
à droite (être ~)	z prawej	[s 'pravɛj]
à droite (tournez ~)	w prawo	[f 'pravɔ]
devant (adv)	z przodu	[s 'pʃɔdu]
de devant (adj)	przedni	['pʃɛdni]
en avant (adv)	naprzód	['napʃut]
derrière (adv)	z tyłu	[s 'tɪwu]
par derrière (adv)	od tyłu	[ɔt 'tɪwu]
en arrière (regarder ~)	do tyłu	[dɔ 'tɪwu]
milieu (m)	środek (m)	['ɕrɔdɛk]
au milieu (adv)	w środku	[f 'ɕrɔdku]
de côté (vue ~)	z boku	[z 'bɔku]
partout (adv)	wszędzie	['fʃɛ̃dʒe]
autour (adv)	dookoła	[dɔː'kɔwa]
de l'intérieur	z wewnątrz	[z 'vɛvnɔ̃tʃ]
quelque part (aller)	dokąds	['dɔkɔ̃tɕ]
tout droit (adv)	na wprost	['na fprɔst]
en arrière (revenir ~)	z powrotem	[s pɔv'rɔtɛm]
de quelque part (n'import d'où)	skądkolwiek	[skɔ̃t'kɔʎvek]
de quelque part (on ne sait pas d'où)	skądś	[skɔ̃tɕ]

premièrement (adv)	po pierwsze	[pɔ 'perʃɛ]
deuxièmement (adv)	po drugie	[pɔ 'druge]
troisièmement (adv)	po trzecie	[pɔ 'tʃɛtʃe]

soudain (adv)	nagle	['nagle]
au début (adv)	na początku	[na pɔt'ʃɔ̃tku]
pour la première fois	po raz pierwszy	[pɔ ras 'perʃɪ]
bien avant ...	na długo przed ...	[na 'dwugɔ pʃɛt]
de nouveau (adv)	od nowa	[ɔd 'nɔva]
pour toujours (adv)	na zawsze	[na 'zafʃɛ]

jamais (adv)	nigdy	['nigdɪ]
encore (adv)	znowu	['znɔvu]
maintenant (adv)	teraz	['tɛras]
souvent (adv)	często	['tʃɛnstɔ]
alors (adv)	wtedy	['ftɛdɪ]
d'urgence (adv)	pilnie	['piʎne]
d'habitude (adv)	zwykle	['zvɪkle]

à propos, ...	a propos	[a prɔ'pɔ]
c'est possible	może, możliwe	['mɔʒɛ], [mɔʒ'livɛ]
probablement (adv)	prawdopodobnie	[pravdɔpɔ'dɔbne]
peut-être (adv)	być może	[bɪtʃ 'mɔʒɛ]
en plus, ...	poza tym	[pɔ'za tɪm]
c'est pourquoi ...	dlatego	[dʎa'tɛgɔ]
malgré ...	mimo że ...	['mimɔ ʒɛ]
grâce à ...	dzięki	['dʒĕki]

quoi (pron)	co	[tsɔ]
que (conj)	że	[ʒɛ]
quelque chose	coś	[tsɔɕ]
(Il m'est arrivé ~)		

| quelque chose | cokolwiek | [tsɔ'kɔʎvek] |
| (peut-on faire ~) | | |

| rien (m) | nic | [nits] |

qui (pron)	kto	[ktɔ]
quelqu'un (on ne sait pas qui)	ktoś	[ktɔɕ]
quelqu'un (n'importe qui)	ktokolwiek	[ktɔ'kɔʎvek]

personne (pron)	nikt	[nikt]
nulle part (aller ~)	nigdzie	['nigdʒe]
de personne	niczyj	['nitʃij]
de n'importe qui	czyjkolwiek	[tʃij'kɔʎvek]

comme ça (adv)	tak	[tak]
également (adv)	także	['tagʒɛ]
aussi (adv)	też	[tɛʃ]

6. Les mots-outils. Les adverbes. Partie 2

Pourquoi?	Dlaczego?	[dʎat'ʃɛgɔ]
on ne sait pourquoi	z jakiegoś powodu	[z ja'kegɔɕ pɔ'vɔdu]
parce que ...	dlatego, że ...	[dla'tɛgɔ], [ʒɛ]

pour une raison quelconque	po coś	['pɔ ʦɔɕ]
et (conj)	i	[i]
ou (conj)	albo	['aʎbɔ]
mais (conj)	ale	['ale]
pour ... (prep)	dla	[dʎa]

trop (adv)	zbyt	[zbɨt]
seulement (adv)	tylko	['tɨʎkɔ]
précisément (adv)	dokładnie	[dɔk'wadne]
autour de ... (prep)	około	[ɔ'kɔwɔ]

approximativement	w przybliżeniu	[f pʃibli'ʒɛnɨ]
approximatif (adj)	przybliżony	[pʃibli'ʒɔnɨ]
presque (adv)	prawie	[prave]
reste (m)	reszta (f)	['rɛʃta]

chaque (adj)	każdy	['kaʒdɨ]
n'importe quel (adj)	jakikolwiek	[jaki'kɔʎvjek]
beaucoup (adv)	dużo	['duʒɔ]
plusieurs (~ ont refusé)	wiele	['vele]
touts les ...	wszystkie	['fʃɨstke]

en échange de ...	w zamian za ...	[v 'zamʲan za]
en échange (adv)	zamiast	['zamʲast]
à la main (adv)	ręcznie	['rɛntʃne]
peu probable (adj)	ledwo, prawie	['ledvɔ], ['pravje]

probablement (adv)	prawdopodobnie	[pravdɔpɔ'dɔbne]
exprès (adv)	celowo	[ʦɛ'lɔvɔ]
par hasard (adv)	przypadkiem	[pʃɨ'patkem]

très (adv)	bardzo	['bardzɔ]
par exemple (adv)	na przykład	[na 'pʃɨkwat]
entre (prep)	między	['mendzɨ]
parmi (prep)	wśród	[fɕrut]
autant (adv)	aż tyle	[aʒ 'tɨle]
surtout (adv)	szczególnie	[ʃtʃɛ'guʎne]

NOMBRES. DIVERS

7. Les nombres cardinaux. Partie 1

zéro	zero	['zɛrɔ]
un	jeden	['edɛn]
deux	dwa	[dva]
trois	trzy	[tʃi]
quatre	cztery	['tʃtɛri]

cinq	pięć	[pɛ̃tʃ]
six	sześć	[ʃɛɕtʃ]
sept	siedem	['ɕedɛm]
huit	osiem	['ɔɕem]
neuf	dziewięć	['dʒevɛ̃tʃ]

dix	dziesięć	['dʒeɕɛ̃tʃ]
onze	jedenaście	[edɛ'naɕtʃe]
douze	dwanaście	[dva'naɕtʃe]
treize	trzynaście	[tʃi'naɕtʃe]
quatorze	czternaście	[tʃtɛr'naɕtʃe]

quinze	piętnaście	[pɛ̃t'naɕtʃe]
seize	szesnaście	[ʃɛs'naɕtʃe]
dix-sept	siedemnaście	[ɕedɛm'naɕtʃe]
dix-huit	osiemnaście	[ɔɕem'naɕtʃe]
dix-neuf	dziewiętnaście	[dʒevɛ̃t'naɕtʃe]

vingt	dwadzieścia	[dva'dʒeɕtʃ'a]
vingt et un	dwadzieścia jeden	[dva'dʒeɕtʃ'a 'edɛn]
vingt-deux	dwadzieścia dwa	[dva'dʒeɕtʃ'a dva]
vingt-trois	dwadzieścia trzy	[dva'dʒeɕtʃ'a tʃi]

trente	trzydzieści	[tʃi'dʒeɕtʃi]
trente et un	trzydzieści jeden	[tʃi'dʒeɕtʃi 'edɛn]
trente-deux	trzydzieści dwa	[tʃi'dʒeɕtʃi dva]
trente-trois	trzydzieści trzy	[tʃi'dʒeɕtʃi tʃi]

quarante	czterdzieści	[tʃtɛr'dʒeɕtʃi]
quarante et un	czterdzieści jeden	[tʃtɛr'dʒeɕtʃi 'edɛn]
quarante-deux	czterdzieści dwa	[tʃtɛr'dʒeɕtʃi dva]
quarante-trois	czterdzieści trzy	[tʃtɛr'dʒeɕtʃi tʃi]

cinquante	pięćdziesiąt	[pɛ̃'dʒeɕɔ̃t]
cinquante et un	pięćdziesiąt jeden	[pɛ̃'dʒeɕɔ̃t 'edɛn]
cinquante-deux	pięćdziesiąt dwa	[pɛ̃'dʒeɕɔ̃t dva]
cinquante-trois	pięćdziesiąt trzy	[pɛ̃'dʒeɕɔ̃t tʃi]

soixante	sześćdziesiąt	[ʃɛɕ'dʒeɕɔ̃t]
soixante et un	sześćdziesiąt jeden	[ʃɛɕ'dʒeɕɔ̃t 'edɛn]

| soixante-deux | sześćdziesiąt dwa | [ʃɛɕ'dʑeɕɔ̃t dva] |
| soixante-trois | sześćdziesiąt trzy | [ʃɛɕ'dʑeɕɔ̃t tʃi] |

soixante-dix	siedemdziesiąt	[ɕedɛm'dʑeɕɔ̃t]
soixante et onze	siedemdziesiąt jeden	[ɕedɛm'dʑeɕɔ̃t 'edɛn]
soixante-douze	siedemdziesiąt dwa	[ɕedɛm'dʑeɕɔ̃t dva]
soixante-treize	siedemdziesiąt trzy	[ɕedɛm'dʑeɕɔ̃t tʃi]

quatre-vingts	osiemdziesiąt	[ɔɕem'dʑeɕɔ̃t]
quatre-vingt et un	osiemdziesiąt jeden	[ɔɕem'dʑeɕɔ̃t 'edɛn]
quatre-vingt deux	osiemdziesiąt dwa	[ɔɕem'dʑeɕɔ̃t dva]
quatre-vingt trois	osiemdziesiąt trzy	[ɔɕem'dʑeɕɔ̃t tʃi]

quatre-vingt-dix	dziewięćdziesiąt	[dʑevɛ̃'dʑeɕɔ̃t]
quatre-vingt et onze	dziewięćdziesiąt jeden	[dʑevɛ̃'dʑeɕɔ̃t edɛn]
quatre-vingt-douze	dziewięćdziesiąt dwa	[dʑevɛ̃'dʑeɕɔ̃t dva]
quatre-vingt-treize	dziewięćdziesiąt trzy	[dʑevɛ̃'dʑeɕɔ̃t tʃi]

8. Les nombres cardinaux. Partie 2

cent	sto	[stɔ]
deux cents	dwieście	['dveɕtʃe]
trois cents	trzysta	['tʃista]
quatre cents	czterysta	['tʃtɛrista]
cinq cents	pięćset	['pɛ̃tʃsɛt]

six cents	sześćset	['ʃɛɕtʃsɛt]
sept cents	siedemset	['ɕedɛmsɛt]
huit cents	osiemset	[ɔ'ɕemsɛt]
neuf cents	dziewięćset	['dʑevɛ̃tʃsɛt]

mille	tysiąc	['tiɕɔ̃ts]
deux mille	dwa tysiące	[dva tiɕɔ̃tsɛ]
trois mille	trzy tysiące	[tʃi tiɕɔ̃tsɛ]
dix mille	dziesięć tysięcy	['dʑeɕɛ̃tʃ ti'ɕentsi]
cent mille	sto tysięcy	[stɔ ti'ɕentsi]
million (m)	milion	['miʎjon]
milliard (m)	miliard	['miʎjart]

9. Les nombres ordinaux

premier (adj)	pierwszy	['perfʃi]
deuxième (adj)	drugi	['drugi]
troisième (adj)	trzeci	['tʃɛtʃi]
quatrième (adj)	czwarty	['tʃfarti]
cinquième (adj)	piąty	[põti]

sixième (adj)	szósty	['ʃusti]
septième (adj)	siódmy	['ɕudmi]
huitième (adj)	ósmy	['usmi]
neuvième (adj)	dziewiąty	[dʑevõti]
dixième (adj)	dziesiąty	[dʑeɕõti]

LES COULEURS. LES UNITÉS DE MESURE

10. Les couleurs

couleur (f)	kolor (m)	['kɔlɜr]
teinte (f)	odcień (m)	['ɔtʃeɲ]
ton (m)	ton (m)	[tɔn]
arc-en-ciel (m)	tęcza (f)	['tɛntʃa]
blanc (adj)	biały	['bʲawɪ]
noir (adj)	czarny	['tʃarnɪ]
gris (adj)	szary	['ʃarɪ]
vert (adj)	zielony	[ʒe'lɜnɪ]
jaune (adj)	żółty	['ʒuwtɪ]
rouge (adj)	czerwony	[tʃɛr'vɔnɪ]
bleu (adj)	ciemny niebieski	['tʃɛmnɪ ne'beski]
bleu clair (adj)	niebieski	[ne'beski]
rose (adj)	różowy	[ru'ʒɔvɪ]
orange (adj)	pomarańczowy	[pɔmaraɲtʃɔvɪ]
violet (adj)	fioletowy	[fʲɔle'tɔvɪ]
brun (adj)	brązowy	[brɔ̃'zɔvɪ]
d'or (adj)	złoty	['zwɔtɪ]
argenté (adj)	srebrzysty	[srɛb'ʒɪstɪ]
beige (adj)	beżowy	[bɛ'ʒɔvɪ]
crème (adj)	kremowy	[krɛ'mɔvɪ]
turquoise (adj)	turkusowy	[turku'sɔvɪ]
rouge cerise (adj)	wiśniowy	[viɕ'nɜvɪ]
lilas (adj)	liliowy	[li'ʎɔvɪ]
framboise (adj)	malinowy	[mali'nɔvɪ]
clair (adj)	jasny	['jasnɪ]
foncé (adj)	ciemny	['tʃɛmnɪ]
vif (adj)	jasny	['jasnɪ]
de couleur (adj)	kolorowy	[kɔlɜ'rɔvɪ]
en couleurs (adj)	kolorowy	[kɔlɜ'rɔvɪ]
noir et blanc (adj)	czarno-biały	['tʃarnɔ 'bʲawɪ]
monochrome (adj)	jednokolorowy	['ednɔkɔlɜ'rɔvɪ]
multicolore (adj)	różnokolorowy	['ruʒnɔkɔlɜ'rɔvɪ]

11. Les unités de mesure

poids (m)	ciężar (m)	['tʃenʒar]
longueur (f)	długość (f)	['dwugɔɕtʃ]

largeur (f)	szerokość (f)	[ʃɛ'rɔkɔɕtʃ]
hauteur (f)	wysokość (f)	[vɪ'sɔkɔɕtʃ]
profondeur (f)	głębokość (f)	[gwɛ̃'bɔkɔɕtʃ]
volume (m)	objętość (f)	[ɔbʰ'entɔɕtʃ]
surface (f)	powierzchnia (f)	[pɔ'veʃhɲa]

gramme (m)	gram (m)	[gram]
milligramme (m)	miligram (m)	[mi'ligram]
kilogramme (m)	kilogram (m)	[ki'lɜgram]
tonne (f)	tona (f)	['tɔna]
livre (f)	funt (m)	[funt]
once (f)	uncja (f)	['unts ʰja]

mètre (m)	metr (m)	[mɛtr]
millimètre (m)	milimetr (m)	[mi'limɛtr]
centimètre (m)	centymetr (m)	[tsɛn'tɪmɛtr]
kilomètre (m)	kilometr (m)	[ki'lɜmɛtr]
mille (m)	mila (f)	['miʎa]

pouce (m)	cal (m)	[tsaʎ]
pied (m)	stopa (f)	['stɔpa]
yard (m)	jard (m)	['jart]

mètre (m) carré	metr (m) kwadratowy	[mɛtr kfadra'tɔvɪ]
hectare (m)	hektar (m)	['hɛktar]

litre (m)	litr (m)	[litr]
degré (m)	stopień (m)	['stɔpeɲ]
volt (m)	wolt (m)	[vɔʎt]
ampère (m)	amper (m)	[am'pɛr]
cheval-vapeur (m)	koń (m) mechaniczny	[kɔɲ mɛha'nitʃnɪ]

quantité (f)	ilość (f)	['ilɜɕtʃ]
un peu de …	niedużo …	[ne'duʒɔ]
moitié (f)	połowa (f)	[pɔ'wɔva]
douzaine (f)	tuzin (m)	['tuʒin]
pièce (f)	sztuka (f)	['ʃtuka]

dimension (f)	rozmiar (m)	['rɔzmʲar]
échelle (f) (de la carte)	skala (f)	['skaʎa]

minimal (adj)	minimalny	[mini'maʎnɪ]
le plus petit (adj)	najmniejszy	[najm'nejʃɪ]
moyen (adj)	średni	['ɕrɛdni]
maximal (adj)	maksymalny	[maksɪ'maʎnɪ]
le plus grand (adj)	największy	[naj'veŋkʃɪ]

12. Les récipients

bocal (m) (à conserves)	słoik (m)	['swɔik]
boîte (f) en fer-blanc	puszka (f)	['puʃka]
seau (m)	wiadro (n)	['vʲadrɔ]
tonneau (m)	beczka (f)	['bɛtʃka]
bassine (f)	miednica (f)	[meˈd'nitsa]

réservoir (m)	zbiornik (m)	['zbɜrnik]
flasque (f)	piersiówka (f)	[per'ɕyvka]
jerrycan (m)	kanister (m)	[ka'nistɛr]
citerne (f)	cysterna (f)	[tsɪs'tɛrna]

grande tasse (f)	kubek (m)	['kubɛk]
tasse (f)	filiżanka (f)	[fili'ʒaŋka]
soucoupe (f)	spodek (m)	['spɔdɛk]
verre (m) (~ d'eau)	szklanka (f)	['ʃkʎaŋka]
verre (m) à pied	kielich (m)	['kelih]
casserole (f)	garnek (m)	['garnɛk]

bouteille (f)	butelka (f)	[bu'tɛʎka]
goulot (m)	szyjka (f)	['ʃɪjka]

carafe (f)	karafka (f)	[ka'rafka]
cruche (f)	dzbanek (m)	['dzbanɛk]
récipient (m)	naczynie (n)	[nat'ʃɪne]
pot (m)	garnek (m)	['garnɛk]
vase (m)	wazon (m)	['vazɔn]

flacon (m)	flakon (m)	[fʎa'kɔn]
fiole (f)	fiolka (f)	[fʰɜʎka]
tube (m)	tubka (f)	['tupka]

sac (m) (grand ~)	worek (m)	['vɔrɛk]
sac (m) (~ en plastique)	torba (f)	['tɔrba]
paquet (m) (~ de cigarettes)	paczka (f)	['patʃka]

boîte (f)	pudełko (n)	[pu'dɛwkɔ]
caisse (f)	skrzynka (f)	['skʃɪŋka]
panier (m)	koszyk (m)	['kɔʃik]

LES VERBES LES PLUS IMPORTANTS

13. Les verbes les plus importants. Partie 1

aider (vt)	pomagać	[pɔ'magatʃ]
aimer (qn)	kochać	['kɔhatʃ]
aller (à pied)	iść	[iɕtʃ]
apercevoir (vt)	zauważać	[zau'vaʒatʃ]
appartenir à …	należeć	[na'leʒɛtʃ]
appeler (au secours)	wołać	['vɔwatʃ]
attendre (vt)	czekać	['tʃɛkatʃ]
attraper (vt)	łowić	['wɔvitʃ]
avertir (vt)	ostrzegać	[ɔst'ʃɛgatʃ]
avoir (vt)	mieć	[metʃ]
avoir confiance	ufać	['ufatʃ]
avoir faim	chcieć jeść	[htʃetʃ eɕtʃ]
avoir peur	bać się	[batʃ ɕɛ̃]
avoir soif	chcieć pić	[htʃetʃ pitʃ]
cacher (vt)	chować	['hɔvatʃ]
casser (briser)	psuć	[psutʃ]
cesser (vt)	przestawać	[pʃɛs'tavatʃ]
changer (vt)	zmienić	['zmenitʃ]
chasser (animaux)	polować	[pɔ'lɜvatʃ]
chercher (vt)	szukać	['ʃukatʃ]
choisir (vt)	wybierać	[vɪ'beratʃ]
commander (~ le menu)	zamawiać	[za'mavⁱatʃ]
commencer (vt)	rozpoczynać	[rɔspɔt'ʃinatʃ]
comparer (vt)	porównywać	[pɔruv'nɪvatʃ]
comprendre (vt)	rozumieć	[rɔ'zumetʃ]
compter (dénombrer)	liczyć	['litʃitʃ]
compter sur …	liczyć na …	['litʃitʃ na]
confondre (vt)	mylić	['mɪlitʃ]
connaître (qn)	znać	[znatʃ]
conseiller (vt)	radzić	['radʒitʃ]
continuer (vt)	kontynuować	[kɔntɪnu'ɔvatʃ]
contrôler (vt)	kontrolować	[kɔntrɔ'lɜvatʃ]
courir (vi)	biec	[beʦ]
coûter (vt)	kosztować	[kɔʃ'tɔvatʃ]
créer (vt)	stworzyć	['stfɔʒɪtʃ]
creuser (vt)	kopać	['kɔpatʃ]
crier (vi)	krzyczeć	['kʃitʃɛtʃ]

14. Les verbes les plus importants. Partie 2

décorer (~ la maison)	ozdabiać	[ɔzˈdabʲatʃ]
défendre (vt)	bronić	[ˈbrɔnitʃ]
déjeuner (vi)	jeść obiad	[eɕtʃ ˈɔbʲat]
demander (~ l'heure)	pytać	[ˈpɨtatʃ]
demander (de faire qch)	prosić	[ˈprɔɕitʃ]
descendre (vi)	schodzić	[ˈsxɔdʑitʃ]
deviner (vt)	odgadnąć	[ɔdˈgadnɔ̃tʃ]

dîner (vi)	jeść kolację	[eɕtʃ kɔˈʎatsʰɛ̃]
dire (vt)	powiedzieć	[pɔˈvedʑetʃ]
diriger (~ une usine)	kierować	[keˈrɔvatʃ]
discuter (vt)	omawiać	[ɔˈmavʲatʃ]
donner (vt)	dawać	[ˈdavatʃ]
donner un indice	czynić aluzje	[ˈtʃɨnitʃ aˈlyzʰe]
douter (vt)	wątpić	[ˈvɔ̃tpitʃ]

écrire (vt)	pisać	[ˈpisatʃ]
entendre (bruit, etc.)	słyszeć	[ˈswɨʃɛtʃ]
entrer (vi)	wchodzić	[ˈfxɔdʑitʃ]
envoyer (vt)	wysyłać	[vɨˈsɨwatʃ]
espérer (vi)	mieć nadzieję	[metʃ naˈdʑeɛ̃]
essayer (vt)	próbować	[pruˈbɔvatʃ]

être (vi)	być	[bɨtʃ]
être d'accord	zgadzać się	[ˈzgadzatʃ ɕɛ̃]
être nécessaire	być potrzebnym	[bɨtʃ pɔtˈʃɛbnɨm]
être pressé	śpieszyć się	[ˈɕpeʃɨtʃ ɕɛ̃]

étudier (vt)	studiować	[studʰɔvatʃ]
exiger (vt)	zażądać	[zaˈʒɔ̃datʃ]
exister (vi)	istnieć	[ˈistnetʃ]
expliquer (vt)	objaśniać	[ɔbʰʲjaɕɲatʃ]

faire (vt)	robić	[ˈrɔbitʃ]
faire tomber	upuszczać	[uˈpuʃtʃatʃ]
finir (vt)	kończyć	[ˈkɔɲtʃitʃ]

garder (conserver)	zachowywać	[zaxɔˈvɨvatʃ]
gronder (qn)	besztać	[ˈbɛʃtatʃ]

15. Les verbes les plus importants. Partie 3

informer (vt)	informować	[infɔrˈmɔvatʃ]
insister (vi)	nalegać	[naˈlegatʃ]
insulter (vt)	znieważać	[zneˈvaʒatʃ]
inviter (vt)	zapraszać	[zapˈraʃatʃ]
jouer (s'amuser)	grać	[gratʃ]

libérer (ville, etc.)	wyzwalać	[vɨzˈvaʎatʃ]
lire (vi, vt)	czytać	[ˈtʃɨtatʃ]
louer (prendre en location)	wynajmować	[vɨnajˈmɔvatʃ]

manquer (l'école)	opuszczać	[ɔ'puʃtʃatʃ]
menacer (vt)	grozić	['grɔʒitʃ]
mentionner (vt)	wspominać	[fspɔ'minatʃ]
montrer (vt)	pokazywać	[pɔka'zɪvatʃ]
nager (vi)	pływać	['pwɪvatʃ]

objecter (vt)	sprzeciwiać się	[spʃɛ'tʃivʲatʃ ɕɛ̃]
observer (vt)	obserwować	[ɔbsɛr'vɔvatʃ]
ordonner (mil.)	rozkazywać	[rɔska'zɪvatʃ]
oublier (vt)	zapominać	[zapɔ'minatʃ]
ouvrir (vt)	otwierać	[ɔt'feratʃ]

pardonner (vt)	przebaczać	[pʃɛ'batʃatʃ]
parler (vi, vt)	rozmawiać	[rɔz'mavʲatʃ]
participer à …	uczestniczyć	[utʃɛst'nitʃitʃ]
payer (régler)	płacić	['pwatʃitʃ]
penser (vi, vt)	myśleć	['mɪɕletʃ]
permettre (vt)	zezwalać	[zɛz'vaʎatʃ]

plaire (être apprécié)	podobać się	[pɔ'dɔbatʃ ɕɛ̃]
plaisanter (vi)	żartować	[ʒar'tɔvatʃ]
planifier (vt)	planować	[pʎa'nɔvatʃ]
pleurer (vi)	płakać	['pwakatʃ]

posséder (vt)	posiadać	[pɔ'ɕadatʃ]
pouvoir (v aux)	móc	[muts]
préférer (vt)	woleć	['vɔletʃ]

prendre (vt)	brać	[bratʃ]
prendre en note	zapisywać	[zapi'sɪvatʃ]
prendre le petit déjeuner	jeść śniadanie	[eɕtʃ ɕɲa'dane]

préparer (le dîner)	gotować	[gɔ'tɔvatʃ]
prévoir (vt)	przewidzieć	[pʃɛ'vidʒetʃ]
prier (~ Dieu)	modlić się	['mɔdlitʃ ɕɛ̃]
promettre (vt)	obiecać	[ɔ'betsatʃ]
prononcer (vt)	wymawiać	[vɪ'mavʲatʃ]
proposer (vt)	proponować	[prɔpɔ'nɔvatʃ]
punir (vt)	karać	['karatʃ]

16. Les verbes les plus importants. Partie 4

recommander (vt)	polecać	[pɔ'letsatʃ]
regretter (vt)	żałować	[ʒa'wɔvatʃ]
répéter (dire encore)	powtarzać	[pɔf'taʒatʃ]
répondre (vi, vt)	odpowiadać	[ɔtpɔ'vʲadatʃ]
réserver (une chambre)	rezerwować	[rɛzɛr'vɔvatʃ]
rester silencieux	milczeć	['miʎtʃɛtʃ]
réunir (regrouper)	łączyć	['wɔ̃tʃitʃ]
rire (vi)	śmiać się	['ɕmʲatʃ ɕɛ̃]

s'arrêter (vp)	zatrzymywać się	[zatʃɪ'mɪvatʃ ɕɛ̃]
s'asseoir (vp)	siadać	['ɕadatʃ]
sauver (la vie à qn)	ratować	[ra'tɔvatʃ]

savoir (qch)	wiedzieć	['vedʒetʃ]
se baigner (vp)	kąpać się	['kɔ̃patʃ ɕɛ̃]
se plaindre (vp)	skarżyć się	['skarʒitʃ ɕɛ̃]
se refuser (vp)	odmawiać	[ɔd'mavʲatʃ]
se tromper (vp)	mylić się	['mɨlitʃ ɕɛ̃]
se vanter (vp)	chwalić się	['hfalitʃ ɕɛ̃]

s'étonner (vp)	dziwić się	['dʒivitʃ ɕɛ̃]
s'excuser (vp)	przepraszać	[pʃɛp'raʃatʃ]
signer (vt)	podpisywać	[pɔtpi'sɨvatʃ]
signifier (vt)	znaczyć	['znatʃitʃ]
s'intéresser (vp)	interesować się	[intɛrɛ'sɔvatʃ ɕɛ̃]

sortir (aller dehors)	wychodzić	[vɨ'hɔdʒitʃ]
sourire (vi)	uśmiechać się	[uɕ'mehatʃ ɕɛ̃]
sous-estimer (vt)	nie doceniać	[nedɔ'tsɛɲatʃ]
suivre … (suivez-moi)	podążać	[pɔ'dɔ̃ʒatʃ]

tirer (vi)	strzelać	['stʃɛʎatʃ]
tomber (vi)	spadać	['spadatʃ]
toucher (avec les mains)	dotykać	[dɔ'tɨkatʃ]
tourner (~ à gauche)	skręcać	['skrɛntsatʃ]

traduire (vt)	tłumaczyć	[twu'matʃitʃ]
travailler (vi)	pracować	[pra'tsɔvatʃ]
tromper (vt)	oszukiwać	[ɔʃu'kivatʃ]
trouver (vt)	znajdować	[znaj'dɔvatʃ]
tuer (vt)	zabijać	[za'bijatʃ]

vendre (vt)	sprzedawać	[spʃɛ'davatʃ]
venir (vi)	przyjeżdżać	[pʃɨ'eʒdʒatʃ]
voir (vt)	widzieć	['vidʒetʃ]
voler (avion, oiseau)	lecieć	['letʃetʃ]
voler (qch à qn)	kraść	[kraɕtʃ]
vouloir (vt)	chcieć	[htʃetʃ]

LA NOTION DE TEMPS. LE CALENDRIER

17. Les jours de la semaine

lundi (m)	poniedziałek (m)	[pɔne'dʒʲawɛk]
mardi (m)	wtorek (m)	['ftɔrɛk]
mercredi (m)	środa (f)	['ɕrɔda]
jeudi (m)	czwartek (m)	['tʃfartɛk]
vendredi (m)	piątek (m)	[põtɛk]
samedi (m)	sobota (f)	[sɔ'bɔta]
dimanche (m)	niedziela (f)	[ne'dʒeʎa]
aujourd'hui (adv)	dzisiaj	['dʒiɕaj]
demain (adv)	jutro	['jutrɔ]
après-demain (adv)	pojutrze	[pɔ'jutʃɛ]
hier (adv)	wczoraj	['ftʃɔraj]
avant-hier (adv)	przedwczoraj	[pʃɛtft'ʃɔraj]
jour (m)	dzień (m)	[dʒeɲ]
jour (m) ouvrable	dzień (m) roboczy	[dʒeɲ rɔ'bɔtʃɪ]
jour (m) férié	dzień (m) świąteczny	[dʒeɲ ɕfõ'tɛtʃnɪ]
jour (m) de repos	dzień (m) wolny	[dʒeɲ 'vɔʎnɪ]
week-end (m)	weekend (m)	[u'ikɛnt]
toute la journée	cały dzień	['tsawɪ dʒeɲ]
le lendemain	następnego dnia	[nastɛp'nɛgɔ dɲa]
il y a 2 jours	dwa dni temu	[dva dni 'tɛmu]
la veille	w przeddzień	[f 'pʃɛddʒeɲ]
quotidien (adj)	codzienny	[tsɔ'dʒeɲɪ]
tous les jours	codziennie	[tsɔ'dʒeɲe]
semaine (f)	tydzień (m)	['tɪdʒeɲ]
la semaine dernière	w zeszłym tygodniu	[v 'zɛʃwɪm tɪ'gɔdny]
la semaine prochaine	w następnym tygodniu	[v nas'tɛpnɪm tɪ'gɔdny]
hebdomadaire (adj)	tygodniowy	[tɪgɔd'nɔvɪ]
chaque semaine	co tydzień	[tsɔ tɪ'dʒeɲ]
2 fois par semaine	dwa razy w tygodniu	[dva 'razɪ v tɪ'gɔdny]
tous les mardis	co wtorek	[tsɔ 'ftɔrek]

18. Les heures. Le jour et la nuit

matin (m)	ranek (m)	['ranɛk]
le matin	rano	['ranɔ]
midi (m)	południe (n)	[pɔ'wudne]
dans l'après-midi	po południu	[pɔ pɔ'wudny]
soir (m)	wieczór (m)	['vetʃur]
le soir	wieczorem	[vet'ʃɔrɛm]

nuit (f)	noc (f)	[nɔts]
la nuit	w nocy	[v 'nɔtsɪ]
minuit (f)	północ (f)	['puwnɔts]

seconde (f)	sekunda (f)	[sɛ'kunda]
minute (f)	minuta (f)	[mi'nuta]
heure (f)	godzina (f)	[gɔ'dʑina]
demi-heure (f)	pół godziny	[puw gɔ'dʑinɪ]
un quart d'heure	kwadrans (m)	['kfadrans]
quinze minutes	piętnaście minut	[pɛ̃t'naɕt͡ʃe 'minut]
vingt-quatre heures	doba (f)	['dɔba]

lever (m) du soleil	wschód (m) słońca	[fshut 'swɔɲtsa]
aube (f)	świt (m)	[ɕfit]
pointe (f) du jour	wczesny ranek (m)	['ft͡ʃɛsnɪ 'ranɛk]
coucher (m) du soleil	zachód (m)	['zahut]

tôt le matin	wcześnie rano	['ft͡ʃɛɕne 'ranɔ]
ce matin	dzisiaj rano	['dʑiɕaj 'ranɔ]
demain matin	jutro rano	['jutrɔ 'ranɔ]

cet après-midi	dzisiaj w dzień	['dʑiɕaj v dʑeɲ]
dans l'après-midi	po południu	[pɔ pɔ'wudny]
demain après-midi	jutro popołudniu	[jutrɔ pɔpɔ'wudnɪ]

ce soir	dzisiaj wieczorem	[dʑiɕaj vet'ʃɔrɛm]
demain soir	jutro wieczorem	['jutrɔ vet'ʃɔrɛm]

à 3 heures précises	równo o trzeciej	['ruvnɔ ɔ 'tʃɛt͡ʃej]
autour de 4 heures	około czwartej	[ɔ'kɔwɔ 'tʃfartɛj]
vers midi	na dwunastą	[na dvu'nastɔ̃]

dans 20 minutes	za dwadzieścia minut	[za dva'dʑɛɕt͡ʃa 'minut]
dans une heure	za godzinę	[za gɔ'dʑinɛ̃]
à temps	na czas	[na t͡ʃas]

… moins le quart	za kwadrans	[za 'kfadrans]
en une heure	w ciągu godziny	[f t͡ʃɔ̃gu gɔ'dʑinɪ]
tous les quarts d'heure	co piętnaście minut	[tsɔ pɛ̃t'naɕt͡ʃe 'minut]
24 heures sur 24	całą dobę	['tsawɔ̃ 'dɔbɛ̃]

19. Les mois. Les saisons

janvier (m)	styczeń (m)	['stɪt͡ʃɛɲ]
février (m)	luty (m)	['lytɪ]
mars (m)	marzec (m)	['maʒɛts]
avril (m)	kwiecień (m)	['kfet͡ʃeɲ]
mai (m)	maj (m)	[maj]
juin (m)	czerwiec (m)	['t͡ʃɛrvets]

juillet (m)	lipiec (m)	['lipets]
août (m)	sierpień (m)	['ɕerpeɲ]
septembre (m)	wrzesień (m)	['vʒɛɕeɲ]
octobre (m)	październik (m)	[paʑ'dʑernik]

| novembre (m) | listopad (m) | [lis'topat] |
| décembre (m) | grudzień (m) | ['gruʤeɲ] |

printemps (m)	wiosna (f)	['vʒsna]
au printemps	wiosną	['vʒsnɔ̃]
de printemps (adj)	wiosenny	[vʒ'sɛɲi]

été (m)	lato (n)	['ʎatɔ]
en été	latem	['ʎatɛm]
d'été (adj)	letni	['letni]

automne (m)	jesień (f)	['eɕeɲ]
en automne	jesienią	[e'ɕenɔ̃]
d'automne (adj)	jesienny	[e'ɕeɲi]

hiver (m)	zima (f)	['ʒima]
en hiver	zimą	['ʒimɔ̃]
d'hiver (adj)	zimowy	[ʒi'mɔvi]

mois (m)	miesiąc (m)	['meɕɔ̃ts]
ce mois	w tym miesiącu	[f tim me'ɕɔ̃tsu]
le mois prochain	w przyszłym miesiącu	[v 'pʃiʃwim me'ɕɔ̃tsu]
le mois dernier	w zeszłym miesiącu	[v 'zɛʃwim me'ɕɔ̃tsu]

il y a un mois	miesiąc temu	['meɕɔ̃ts 'tɛmu]
dans un mois	za miesiąc	[za 'meɕɔ̃ts]
dans 2 mois	za dwa miesiące	[za dva me'ɕɔ̃tse]
tout le mois	przez cały miesiąc	[pʃɛs 'tsawi 'meɕɔ̃ts]
tout un mois	cały miesiąc	['tsawi 'meɕɔ̃ts]

mensuel (adj)	comiesięczny	[tsome'ɕentʃni]
tous les mois	comiesięcznie	[tsome'ɕentʃne]
chaque mois	co miesiąc	[tso 'meɕɔ̃ts]
2 fois par mois	dwa razy w miesiącu	[dva 'razi v meɕɔ̃tsu]

année (f)	rok (m)	[rɔk]
cette année	w tym roku	[f tim 'rɔku]
l'année prochaine	w przyszłym roku	[v 'pʃiʃwim 'rɔku]
l'année dernière	w zeszłym roku	[v 'zɛʃwim 'rɔku]

il y a un an	rok temu	[rɔk 'tɛmu]
dans un an	za rok	[za rɔk]
dans 2 ans	za dwa lata	[za dva 'ʎata]
toute l'année	cały rok	['tsawi rɔk]
toute une année	cały rok	['tsawi rɔk]

chaque année	co roku	[tso 'rɔku]
annuel (adj)	coroczny	[tso'rɔtʃni]
tous les ans	corocznie	[tso'rɔtʃne]
4 fois par an	cztery razy w roku	['tʃtɛri 'razi v 'rɔku]

date (f) (jour du mois)	data (f)	['data]
date (f) (~ mémorable)	data (f)	['data]
calendrier (m)	kalendarz (m)	[ka'lendaʃ]
six mois	pół roku	[puw 'rɔku]
semestre (m)	półrocze (n)	[puw'rɔtʃɛ]

| saison (f) | **sezon** (m) | ['sɛzɔn] |
| siècle (m) | **wiek** (m) | [vek] |

LES VOYAGES. L'HÔTEL

20. Les voyages. Les excursions

tourisme (m)	turystyka (f)	[tuˈrɪstɪka]
touriste (m)	turysta (m)	[tuˈrɪsta]
voyage (m) (à l'étranger)	podróż (f)	[ˈpɔdruʃ]
aventure (f)	przygoda (f)	[pʃɪˈgɔda]
voyage (m)	podróż (f)	[ˈpɔdruʃ]
vacances (f pl)	urlop (m)	[ˈurlɔp]
être en vacances	być na urlopie	[bɪtʃ na urˈlɔpe]
repos (m) (jours de ~)	wypoczynek (m)	[vɪpɔtˈʃɪnɛk]
train (m)	pociąg (m)	[ˈpɔtʃɔ̃k]
en train	pociągiem	[pɔtʃɔ̃gem]
avion (m)	samolot (m)	[saˈmɔlɔt]
en avion	samolotem	[samɔˈlɔtɛm]
en voiture	samochodem	[samɔˈhɔdɛm]
en bateau	statkiem	[ˈstatkem]
bagage (m)	bagaż (m)	[ˈbagaʃ]
malle (f)	walizka (f)	[vaˈliska]
chariot (m)	wózek (m) bagażowy	[ˈvuzɛk bagaˈʒɔvɪ]
passeport (m)	paszport (m)	[ˈpaʃpɔrt]
visa (m)	wiza (f)	[ˈviza]
ticket (m)	bilet (m)	[ˈbilet]
billet (m) d'avion	bilet (m) lotniczy	[ˈbilet lɔtˈnitʃɪ]
guide (m) (livre)	przewodnik (m)	[pʃɛˈvɔdnik]
carte (f)	mapa (f)	[ˈmapa]
région (f) (~ rurale)	miejscowość (f)	[mejsˈtsɔvɔɕtʃ]
endroit (m)	miejsce (n)	[ˈmejstsɛ]
exotisme (m)	egzotyka (f)	[ɛgˈzɔtɪka]
exotique (adj)	egzotyczny	[ɛgzɔˈtɪtʃnɪ]
étonnant (adj)	zadziwiający	[zadʑivjaɔ̃tsɪ]
groupe (m)	grupa (f)	[ˈgrupa]
excursion (f)	wycieczka (f)	[vɪˈtʃetʃka]
guide (m) (personne)	przewodnik (f)	[pʃɛˈvɔdnik]

21. L'hôtel

hôtel (m)	hotel (m)	[ˈhɔtɛʎ]
motel (m)	motel (m)	[ˈmɔtɛʎ]
3 étoiles	trzy gwiazdki	[tʃɪ ˈgvʲaztki]

| 5 étoiles | pięć gwiazdek | [pɛ̃tʃ 'gvʲazdɛk] |
| descendre (à l'hôtel) | zatrzymać się | [zat'ʃimatʃ ɕɛ̃] |

chambre (f)	pokój (m)	['pɔkuj]
chambre (f) simple	pokój (m) jednoosobowy	['pɔkuj edno:so'bovɪ]
chambre (f) double	pokój (m) dwuosobowy	['pɔkuj dvuɔsɔ'bɔvɪ]
réserver une chambre	rezerwować pokój	[rɛzɛr'vɔvatʃ 'pɔkuj]

| demi-pension (f) | wyżywienie (n) Half Board | [vɪʒɪ'vene haf bɔrd] |
| pension (f) complète | pełne (n) wyżywienie | ['pɛwnɛ vɪʒɪvi'ene] |

avec une salle de bain	z łazienką	[z wa'ʒenkõ]
avec une douche	z prysznicem	[z prɪʃ'nitsɛm]
télévision (f) par satellite	telewizja (f) satelitarna	[tɛle'vizʲja satɛli'tarna]
climatiseur (m)	klimatyzator (m)	[klimatɪ'zatɔr]
serviette (f)	ręcznik (m)	['rɛntʃnik]
clé (f)	klucz (m)	[klytʃ]

administrateur (m)	administrator (m)	[administ'ratɔr]
femme (f) de chambre	pokojówka (f)	[pɔkɔ'jufka]
porteur (m)	tragarz (m)	['tragaʃ]
portier (m)	odźwierny (m)	[ɔd'vjernɪ]

restaurant (m)	restauracja (f)	[rɛstau'ratsʰja]
bar (m)	bar (m)	[bar]
petit déjeuner (m)	śniadanie (n)	[ɕɲa'dane]
dîner (m)	kolacja (f)	[kɔ'ʎatsʰja]
buffet (m)	szwedzki stół (m)	['ʃfɛtski stuw]

ascenseur (m)	winda (f)	['vinda]
PRIÈRE DE NE PAS DÉRANGER	NIE PRZESZKADZAĆ	[ne pʃɛʃ'kadzatʃ]
DÉFENSE DE FUMER	ZAKAZ PALENIA!	['zakas pa'leɲa]

22. Le tourisme

monument (m)	pomnik (m)	['pɔmnik]
forteresse (f)	twierdza (f)	['tferdza]
palais (m)	pałac (m)	['pawats]
château (m)	zamek (m)	['zamɛk]
tour (f)	wieża (f)	['veʒa]
mausolée (m)	mauzoleum (n)	[mauzɔ'leum]

architecture (f)	architektura (f)	[arhitɛk'tura]
médiéval (adj)	średniowieczny	[ɕrɛdnɔ'vetʃnɪ]
ancien (adj)	zabytkowy	[zabɪt'kovɪ]
national (adj)	narodowy	[narɔ'dɔvɪ]
connu (adj)	znany	['znanɪ]

touriste (m)	turysta (m)	[tu'rɪsta]
guide (m) (personne)	przewodnik (m)	[pʃɛ'vɔdnik]
excursion (f)	wycieczka (f)	[vɪ'tʃetʃka]
montrer (vt)	pokazywać	[pɔka'zɪvatʃ]
raconter (une histoire)	opowiadać	[ɔpɔ'vʲadatʃ]

trouver (vt)	**znaleźć**	['znaleɕtʃ]
se perdre (vp)	**zgubić się**	['zgubitʃ ɕɛ̃]
plan (m) (du metro, etc.)	**plan** (m)	[pʎan]
carte (f) (de la ville, etc.)	**plan** (m)	[pʎan]
souvenir (m)	**pamiątka** (f)	[pamɔ̃tka]
boutique (f) de souvenirs	**sklep** (m) **z upominkami**	[sklep s upɔmi'ŋkami]
prendre en photo	**robić zdjęcia**	['rɔbitʃ 'zdʰɛ̃tʃa]
se faire prendre en photo	**fotografować się**	[fɔtɔgra'fovatʃ ɕɛ̃]

LES TRANSPORTS

23. L'aéroport

aéroport (m)	port (m) lotniczy	[pɔrt lɔt'nitʃɪ]
avion (m)	samolot (m)	[sa'mɔlɔt]
compagnie (f) aérienne	linie (pl) lotnicze	['linje lɔt'nitʃɛ]
contrôleur (m) aérien	kontroler (m) lotów	[kɔnt'rɔler 'lɔtuf]
départ (m)	odlot (m)	['ɔdlɔt]
arrivée (f)	przylot (m)	['pʃilɔt]
arriver (par avion)	przylecieć	[pʃi'letʃetʃ]
temps (m) de départ	godzina (f) odlotu	[gɔ'dʑina ɔd'lɔtu]
temps (m) d'arrivée	godzina (f) przylotu	[gɔ'dʑina pʃi'lɔtu]
être retardé	opóźniać się	[ɔ'puʑ'natʃ ɕɛ̃]
retard (m) de l'avion	opóźnienie (n) odlotu	[ɔpuʑ'nene ɔd'lɔtu]
tableau (m) d'informations	tablica (f) informacyjna	[tab'litsa infɔrma'tsɪjna]
information (f)	informacja (f)	[infɔr'matsʰja]
annoncer (vt)	ogłaszać	[ɔg'waʃatʃ]
vol (m)	lot (m)	['lɔt]
douane (f)	urząd (m) celny	['uʒɔ̃t 'tsɛʎnɪ]
douanier (m)	celnik (m)	['tsɛʎnik]
déclaration (f) de douane	deklaracja (f)	[dɛkʎa'ratsʰja]
remplir la déclaration	wypełnić deklarację	[vɪ'pɛwnitʃ dɛkʎa'ratsʰɛ̃]
contrôle (m) de passeport	odprawa (f) paszportowa	[ɔtp'rava paʃpɔr'tɔva]
bagage (m)	bagaż (m)	['bagaʃ]
bagage (m) à main	bagaż (m) podręczny	['bagaʃ pɔd'rɛntʃnɪ]
service des objets trouvés	poszukiwanie (n) bagażu	[pɔʃuki'vane ba'gaʒu]
chariot (m)	wózek (m) bagażowy	['vuzɛk baga'ʒɔvɪ]
atterrissage (m)	lądowanie (n)	[lɔ̃dɔ'vane]
piste (f) d'atterrissage	pas (m) startowy	[pas star'tɔvɪ]
atterrir (vi)	lądować	[lɔ̃'dɔvatʃ]
escalier (m) d'avion	schody (pl) do samolotu	['shɔdɪ dɔ samɔ'lɔtu]
enregistrement (m)	odprawa (f) biletowa	[ɔtp'rava bile'tɔva]
comptoir (m) d'enregistrement	stanowisko (n) odprawy	[stanɔ'viskɔ ɔtp'ravɪ]
s'enregistrer (vp)	zgłosić się do odprawy	['zgwɔɕitʃ ɕɛ̃ dɔ ɔtp'ravɪ]
carte (f) d'embarquement	karta (f) pokładowa	['karta pɔkwa'dɔva]
porte (f) d'embarquement	wyjście (n) do odprawy	['vɪjɕtʃe dɔ ɔtp'ravɪ]
transit (m)	tranzyt (m)	['tranzɪt]
attendre (vt)	czekać	['tʃɛkatʃ]
salle (f) d'attente	poczekalnia (f)	[pɔtʃɛ'kaʎna]

raccompagner (à l'aéroport, etc.)	odprowadzać	[ɔtprɔ'vadzatʃ]
dire au revoir	żegnać się	['ʒɛgnatʃ ɕɛ̃]

24. L'avion

avion (m)	samolot (m)	[sa'mɔlɔt]
billet (m) d'avion	bilet (m) lotniczy	['bilet lɔt'nitʃı]
compagnie (f) aérienne	linie (pl) lotnicze	['linje lɔt'nitʃɛ]
aéroport (m)	port (m) lotniczy	[pɔrt lɔt'nitʃı]
supersonique (adj)	ponaddźwiękowy	[pɔnaddʒ'vɛ̃'kɔvı]

commandant (m) de bord	kapitan (m) statku	[ka'pitan 'statku]
équipage (m)	załoga (f)	[za'wɔga]
pilote (m)	pilot (m)	['pilɔt]
hôtesse (f) de l'air	stewardessa (f)	[stʰjuar'dɛsa]
navigateur (m)	nawigator (m)	[navi'gatɔr]

ailes (f pl)	skrzydła (pl)	['skʃıdwa]
queue (f)	ogon (m)	['ɔgɔn]
cabine (f)	kabina (f)	[ka'bina]
moteur (m)	silnik (m)	['ɕiʎnik]

train (m) d'atterrissage	podwozie (n)	[pɔd'vɔʒe]
turbine (f)	turbina (f)	[tur'bina]

hélice (f)	śmigło (n)	['ɕmigwɔ]
boîte (f) noire	czarna skrzynka (f)	['tʃarna 'skʃıŋka]

gouvernail (m)	wolant (m)	['vɔʎant]
carburant (m)	paliwo (n)	[pa'livɔ]

consigne (f) de sécurité	instrukcja (f)	[inst'ruktsʰja]
masque (m) à oxygène	maska (f) tlenowa	['maska tle'nɔva]
uniforme (m)	uniform (m)	[u'nifɔrm]

gilet (m) de sauvetage	kamizelka (f) ratunkowa	[kami'zɛʎka ratu'ŋkɔva]
parachute (m)	spadochron (m)	[spa'dɔhrɔn]

décollage (m)	start (m)	[start]
décoller (vi)	startować	[star'tɔvatʃ]
piste (f) de décollage	pas (m) startowy	[pas star'tɔvı]

visibilité (f)	widoczność (f)	[vi'dɔtʃnɔɕtʃ]
vol (m) (~ d'oiseau)	lot (m)	['lɔt]

altitude (f)	wysokość (f)	[vı'sɔkɔɕtʃ]
trou (m) d'air	dziura (f) powietrzna	['dʒyra pɔ'vetʃna]

place (f)	miejsce (n)	['mejstsɛ]
écouteurs (m pl)	słuchawki (pl)	[swu'hafki]
tablette (f)	stolik (m) rozkładany	['stɔlik rɔskwa'danı]
hublot (m)	iluminator (m)	[ilymi'natɔr]
couloir (m)	przejście (n)	['pʃɛjɕtʃe]

25. Le train

train (m)	pociąg (m)	['potʃɔ̃k]
train (m) de banlieue	pociąg (m) podmiejski	['potʃɔ̃k pɔd'mejski]
TGV (m)	pociąg (m) pośpieszny	['potʃɔ̃k pɔç'pejnɪ]
locomotive (f) diesel	lokomotywa (f)	[lɔkɔmɔ'tɪva]
locomotive (f) à vapeur	parowóz (m)	[pa'rɔvus]
wagon (m)	wagon (m)	['vagɔn]
wagon-restaurant (m)	wagon (m) restauracyjny	['vagɔn rɛstaura'tsɪjnɪ]
rails (m pl)	szyny (pl)	['ʃɪnɪ]
chemin (m) de fer	kolej (f)	['kɔlej]
traverse (f)	podkład (m)	['pɔtkwat]
quai (m)	peron (m)	['pɛrɔn]
voie (f)	tor (m)	[tɔr]
sémaphore (m)	semafor (m)	[sɛ'mafɔr]
station (f)	stacja (f)	['statsʰja]
conducteur (m) de train	maszynista (m)	[maʃɪ'nista]
porteur (m)	tragarz (m)	['tragaʃ]
steward (m)	konduktor (m)	[kɔn'duktɔr]
passager (m)	pasażer (m)	[pa'saʒɛr]
contrôleur (m) de billets	kontroler (m)	[kɔnt'rɔler]
couloir (m)	korytarz (m)	[kɔ'rɪtaʃ]
frein (m) d'urgence	hamulec (m) bezpieczeństwa	[ha'mulets bɛzpet'ʃɛɲstfa]
compartiment (m)	przedział (m)	['pʃɛdʒʲaw]
couchette (f)	łóżko (n)	['wuʃkɔ]
couchette (f) d'en haut	łóżko (n) górne	['wuʃkɔ 'gurnɛ]
couchette (f) d'en bas	łóżko (n) dolne	['wuʃkɔ 'dɔʎnɛ]
linge (m) de lit	pościel (f)	['pɔçtʃeʎ]
ticket (m)	bilet (m)	['bilet]
horaire (m)	rozkład (m) jazdy	['rɔskwad 'jazdɪ]
tableau (m) d'informations	tablica (f) informacyjna	[tab'litsa infɔrma'tsɪjna]
partir (vi)	odjeżdżać	[ɔdʰ'eʒdʒatʃ]
départ (m) (du train)	odjazd (m)	['ɔdʰjast]
arriver (le train)	wjeżdżać	['vʰeʒdʒatʃ]
arrivée (f)	przybycie (n)	[pʃɪ'bɪtʃe]
arriver en train	przyjechać pociągiem	[pʃɪ'ehatʃ pɔtʃɔ̃gem]
prendre le train	wsiąść do pociągu	[fɕɔ̃ɕtʃ dɔ pɔtʃɔ̃gu]
descendre du train	wysiąść z pociągu	['vɪɕɔ̃ɕtʃ s pɔtʃɔ̃gu]
accident (m) ferroviaire	katastrofa (f)	[katast'rɔfa]
locomotive (f) à vapeur	parowóz (m)	[pa'rɔvus]
chauffeur (m)	palacz (m)	['paʎatʃ]
chauffe (f)	palenisko (n)	[pale'niskɔ]
charbon (m)	węgiel (m)	['vɛŋeʎ]

26. Le bateau

bateau (m)	statek (m)	['statɛk]
navire (m)	okręt (m)	['ɔkrɛ̃t]
bateau (m) à vapeur	parowiec (m)	[pa'rɔvʲeʦ]
paquebot (m)	motorowiec (m)	[mɔtɔ'rɔvʲeʦ]
bateau (m) de croisière	liniowiec (m)	[li'nʲɔvʲeʦ]
croiseur (m)	krążownik (m)	[krɔ̃'ʒɔvnik]
yacht (m)	jacht (m)	[jaht]
remorqueur (m)	holownik (m)	[hɔ'lɔvnik]
péniche (f)	barka (f)	['barka]
ferry (m)	prom (m)	[prɔm]
voilier (m)	żaglowiec (m)	[ʒag'lɔvʲeʦ]
brigantin (m)	brygantyna (f)	[brigan'tɪna]
brise-glace (m)	lodołamacz (m)	[lɔdɔ'wamaʧ]
sous-marin (m)	łódź (f) podwodna	[wuʧ pɔd'vɔdna]
canot (m) à rames	łódź (f)	[wuʧ]
dinghy (m)	szalupa (f)	[ʃa'lypa]
canot (m) de sauvetage	szalupa (f)	[ʃa'lypa]
canot (m) à moteur	motorówka (f)	[mɔtɔ'rufka]
capitaine (m)	kapitan (m)	[ka'pitan]
matelot (m)	marynarz (m)	[ma'rɪnaʃ]
marin (m)	marynarz (m)	[ma'rɪnaʃ]
équipage (m)	załoga (f)	[za'wɔga]
maître (m) d'équipage	bosman (m)	['bɔsman]
mousse (m)	chłopiec (m) okrętowy	['hwɔpʲeʦ ɔkrɛ̃'tɔvɪ]
cuisinier (m) du bord	kucharz (m) okrętowy	['kuhaʃ ɔkrɛ̃'tɔvɪ]
médecin (m) de bord	lekarz (m) okrętowy	['lekaʃ ɔkrɛ̃'tɔvɪ]
pont (m)	pokład (m)	['pɔkwat]
mât (m)	maszt (m)	[maʃt]
voile (f)	żagiel (m)	['ʒageʎ]
cale (f)	ładownia (f)	[wa'dɔvɲa]
proue (f)	dziób (m)	[ʤyp]
poupe (f)	rufa (f)	['rufa]
rame (f)	wiosło (n)	['vʲɔswɔ]
hélice (f)	śruba (f) napędowa	['ɕruba napɛ̃'dɔva]
cabine (f)	kajuta (f)	[ka'juta]
carré (m) des officiers	mesa (f)	['mɛsa]
salle (f) des machines	maszynownia (f)	[maʃɪ'nɔvɲa]
passerelle (f)	mostek (m) kapitański	['mɔstɛk kapi'taɲski]
cabine (f) de T.S.F.	radiokabina (f)	[radʲɔka'bina]
onde (f)	fala (f)	['faʎa]
journal (m) de bord	dziennik (m) pokładowy	['ʤeɲik pɔkwa'dɔvɪ]
longue-vue (f)	luneta (f)	[ly'nɛta]
cloche (f)	dzwon (m)	[dzvɔn]

pavillon (m)	bandera (f)	[ban'dɛra]
grosse corde (f) tressée	lina (f)	['lina]
nœud (m) marin	węzeł (m)	['vɛnzɛw]
rampe (f)	poręcz (f)	['pɔrɛ̃tʃ]
passerelle (f)	trap (m)	[trap]
ancre (f)	kotwica (f)	[kɔt'fitsa]
lever l'ancre	podnieść kotwicę	['pɔdnɛɕtʃ kɔt'fitsɛ̃]
jeter l'ancre	zarzucić kotwicę	[za'ʒutʃitʃ kɔt'fitsɛ̃]
chaîne (f) d'ancrage	łańcuch (m) kotwicy	['waɲtsuh kɔt'fitsɪ]
port (m)	port (m)	[pɔrt]
embarcadère (m)	nabrzeże (n)	[nab'ʒɛʒɛ]
accoster (vi)	cumować	[tsu'mɔvatʃ]
larguer les amarres	odbijać	[ɔd'bijatʃ]
voyage (m) (à l'étranger)	podróż (f)	['pɔdruʃ]
croisière (f)	podróż (f) morska	['pɔdruʃ 'mɔrska]
cap (m) (suivre un ~)	kurs (m)	[kurs]
itinéraire (m)	trasa (f)	['trasa]
chenal (m)	tor (m) wodny	[tɔr 'vɔdnɪ]
bas-fond (m)	mielizna (f)	[me'lizna]
échouer sur un bas-fond	osiąść na mieliźnie	['ɔɕɔ̃ɕtʃ na me'liʑne]
tempête (f)	sztorm (m)	[ʃtɔrm]
signal (m)	sygnał (m)	['sɪgnaw]
sombrer (vi)	tonąć	['tɔɔ̃ntʃ]
SOS (m)	SOS	[ɛs ɔ ɛs]
bouée (f) de sauvetage	koło (n) ratunkowe	['kɔwɔ ratu'ŋkɔvɛ]

LA VILLE

27. Les transports en commun

autobus (m)	autobus (m)	[au'tɔbus]
tramway (m)	tramwaj (m)	['tramvaj]
trolleybus (m)	trolejbus (m)	[trɔ'lejbus]
itinéraire (m)	trasa (f)	['trasa]
numéro (m)	numer (m)	['numɛr]

prendre ...	jechać w ...	['ehatʃ v]
monter (dans l'autobus)	wsiąść	[fɕɔ̃ɕtʃ]
descendre de ...	zsiąść z ...	[zɕɔ̃ɕtʃ z]

arrêt (m)	przystanek (m)	[pʃis'tanɛk]
arrêt (m) prochain	następny przystanek (m)	[nas'tɛ̃pnɪ pʃis'tanɛk]
terminus (m)	stacja (f) końcowa	['statsʰja kɔɲ'tsɔva]
horaire (m)	rozkład (m) jazdy	['rɔskwad 'jazdɪ]
attendre (vt)	czekać	['tʃɛkatʃ]

ticket (m)	bilet (m)	['bilet]
prix (m) du ticket	cena (f) biletu	['tsɛna bi'letu]

caissier (m)	kasjer (m), kasjerka (f)	['kasʰer], [kasʰ'erka]
contrôle (m) des tickets	kontrola (f) biletów	[kɔnt'rɔʎa bi'letɔf]
contrôleur (m)	kontroler (m) biletów	[kɔnt'rɔler bi'letɔf]

être en retard	spóźniać się	['spuʑɲatʃ ɕɛ̃]
rater (~ le train)	spóźnić się	['spuʑɲitʃ ɕɛ̃]
se dépêcher	śpieszyć się	['ɕpeʃitʃ ɕɛ̃]

taxi (m)	taksówka (f)	[tak'sufka]
chauffeur (m) de taxi	taksówkarz (m)	[tak'sufkaʃ]
en taxi	taksówką	[tak'sufkɔ̃]
arrêt (m) de taxi	postój (m) taksówek	['pɔstuj tak'suvɛk]
appeler un taxi	wezwać taksówkę	['vɛzvatʃ tak'sufkɛ̃]
prendre un taxi	wziąć taksówkę	[vʑɔ̃tʃ tak'sufkɛ̃]

trafic (m)	ruch (m) uliczny	[ruh u'litʃnɪ]
embouteillage (m)	korek (m)	['kɔrɛk]
heures (f pl) de pointe	godziny (pl) szczytu	[gɔ'dʑinɪ 'ʃtʃitu]
se garer (vp)	parkować	[par'kɔvatʃ]
garer (vt)	parkować	[par'kɔvatʃ]
parking (m)	parking (m)	['parkiŋk]

métro (m)	metro (n)	['mɛtrɔ]
station (f)	stacja (f)	['statsʰja]
prendre le métro	jechać metrem	['ehatʃ 'mɛtrɛm]
train (m)	pociąg (m)	['pɔtʃɔ̃k]
gare (f)	dworzec (m)	['dvɔʒɛts]

28. La ville. La vie urbaine

ville (f)	miasto (n)	['mʲastɔ]
capitale (f)	stolica (f)	[stɔ'litsa]
village (m)	wieś (f)	[veɕ]
plan (m) de la ville	plan (m) miasta	[pʎan 'mʲasta]
centre-ville (m)	centrum (n) miasta	['tsɛntrum 'mʲasta]
banlieue (f)	dzielnica (f) podmiejska	[dʒɛʎ'nitsa pɔd'mejska]
de banlieue (adj)	podmiejski	[pɔd'mejski]
périphérie (f)	peryferie (pl)	[pɛrɨ'fɛrʰe]
alentours (m pl)	okolice (pl)	[ɔkɔ'litsɛ]
quartier (m)	osiedle (n)	[ɔ'ɕedle]
quartier (m) résidentiel	osiedle (n) mieszkaniowe	[ɔ'ɕedle meʃka'nɜvɛ]
trafic (m)	ruch (m) uliczny	[ruh u'litʃnɨ]
feux (m pl) de circulation	światła (pl)	['ɕfʲatwa]
transport (m) urbain	komunikacja (f) publiczna	[kɔmuni'katsʰja pub'litʃna]
carrefour (m)	skrzyżowanie (n)	[skʃɨʒɔ'vane]
passage (m) piéton	przejście (n)	['pʃɛjɕtʃe]
passage (m) souterrain	przejście (n) podziemne	['pʃɛjɕtʃe pɔ'dʒemnɛ]
traverser (vt)	przechodzić	[pʃɛ'hɔdʒitʃ]
piéton (m)	pieszy (m)	['peʃɨ]
trottoir (m)	chodnik (m)	['hɔdnik]
pont (m)	most (m)	[mɔst]
quai (m)	nadbrzeże (n)	[nadb'ʒɛʒɛ]
fontaine (f)	fontanna (f)	[fɔn'taŋa]
allée (f)	aleja (f)	[a'leja]
parc (m)	park (m)	[park]
boulevard (m)	bulwar (m)	['buʎvar]
place (f)	plac (m)	[pʎats]
avenue (f)	aleja (f)	[a'leja]
rue (f)	ulica (f)	[u'litsa]
ruelle (f)	zaułek (m)	[za'uwɛk]
impasse (f)	ślepa uliczka (f)	['ɕlepa u'litʃka]
maison (f)	dom (m)	[dɔm]
édifice (m)	budynek (m)	[bu'dɨnɛk]
gratte-ciel (m)	wieżowiec (m)	[ve'ʒɔvets]
façade (f)	fasada (f)	[fa'sada]
toit (m)	dach (m)	[dah]
fenêtre (f)	okno (n)	['ɔknɔ]
arc (m)	łuk (m)	[wuk]
colonne (f)	kolumna (f)	[kɔ'lymna]
coin (m)	róg (m)	[ruk]
vitrine (f)	witryna (f)	[vit'rɨna]
enseigne (f)	szyld (m)	[ʃɨʎt]
affiche (f)	afisz (m)	['afiʃ]
affiche (f) publicitaire	plakat (m) reklamowy	['pʎakat rɛkʎa'mɔvɨ]

panneau-réclame (m)	billboard (m)	['biʌbɔrt]
ordures (f pl)	śmiecie (pl)	['ɕmetʃe]
poubelle (f)	kosz (m) na śmieci	[kɔʃ na 'ɕmetʃi]
jeter à terre	śmiecić	['ɕmetʃitʃ]
décharge (f)	wysypisko (n) śmieci	[vɪsɪpiskɔ 'ɕmetʃi]

cabine (f) téléphonique	budka (f) telefoniczna	['butka tɛlefɔ'nitʃna]
réverbère (m)	słup (m) oświetleniowy	[swup ɔɕvetle'nɔvɪ]
banc (m)	ławka (f)	['wafka]

policier (m)	policjant (m)	[pɔ'litsʰjant]
police (f)	policja (f)	[pɔ'litsʰja]
clochard (m)	żebrak (m)	['ʒɛbrak]
sans-abri (m)	bezdomny (m)	[bɛz'dɔmnɪ]

29. Les institutions urbaines

magasin (m)	sklep (m)	[sklep]
pharmacie (f)	apteka (f)	[ap'tɛka]
opticien (m)	optyk (m)	['ɔptɪk]
centre (m) commercial	centrum (n) handlowe	['tsɛntrum hand'lɔvɛ]
supermarché (m)	supermarket (m)	[supɛr'markɛt]

boulangerie (f)	sklep (m) z pieczywem	[sklep s pet'ʃivɛm]
boulanger (m)	piekarz (m)	['pekaʃ]
pâtisserie (f)	cukiernia (f)	[tsu'kerɲa]
épicerie (f)	sklep (m) spożywczy	[sklep spɔ'ʒivtʃi]
boucherie (f)	sklep (m) mięsny	[sklep 'mensnɪ]

| magasin (m) de légumes | warzywniak (m) | [va'ʒivɲak] |
| marché (m) | targ (m) | [tark] |

salon (m) de café	kawiarnia (f)	[ka'vˑarɲa]
restaurant (m)	restauracja (f)	[rɛstau'ratsʰja]
brasserie (f)	piwiarnia (f)	[pi'vˑarɲa]
pizzeria (f)	pizzeria (f)	[pi'tserʰja]

salon (m) de coiffure	salon (m) fryzjerski	['salɔn frɪzʰ'erski]
poste (f)	poczta (f)	['pɔtʃta]
pressing (m)	pralnia (f) chemiczna	['praʎɲa hɛ'mitʃna]
atelier (m) de photo	zakład (m) fotograficzny	['zakwat fɔtɔgra'fitʃnɪ]

magasin (m) de chaussures	sklep (m) obuwniczy	[sklep ɔbuv'nitʃi]
librairie (f)	księgarnia (f)	[kɕɛ̃'garɲa]
magasin (m) d'articles de sport	sklep (m) sportowy	[sklep spɔr'tɔvɪ]

| atelier (m) de retouche | reperacja (f) odzieży | [rɛpɛ'ratsʰja ɔ'dʒeʒɪ] |
| location (f) de vêtements | wypożyczanie (n) strojów okazjonalnych | [vɪpɔʒɪ'tʃane strɔ'juv ɔkazˑɔ'naʎnih] |

| location (f) de films | wypożyczalnia (f) filmów | [vɪpɔʒɪt'ʃaʎɲa 'fiʎmuf] |

cirque (m)	cyrk (m)	[tsɪrk]
zoo (m)	zoo (n)	['zɔː]
cinéma (m)	kino (n)	['kinɔ]

musée (m)	muzeum (n)	[mu'zɛum]
bibliothèque (f)	biblioteka (f)	[biblɜ'tɛka]
théâtre (m)	teatr (m)	['tɛatr]
opéra (m)	opera (f)	['ɔpɛra]
boîte (f) de nuit	klub nocny (m)	[klyp 'nɔtsnɪ]
casino (m)	kasyno (n)	[ka'sɪnɔ]
mosquée (f)	meczet (m)	['mɛtʃɛt]
synagogue (f)	synagoga (f)	[sɪna'gɔga]
cathédrale (f)	katedra (f)	[ka'tɛdra]
temple (m)	świątynia (f)	[ɕfɔ̃'tɪɲa]
église (f)	kościół (m)	['kɔʃtʃɔw]
institut (m)	instytut (m)	[ins'tɪtut]
université (f)	uniwersytet (m)	[uni'vɛrsɪtɛt]
école (f)	szkoła (f)	['ʃkɔwa]
préfecture (f)	urząd (m) dzielnicowy	['uʒɔ̃d dʑeʎnitsɔvɪ]
mairie (f)	urząd (m) miasta	['uʒɔ̃t 'mʲasta]
hôtel (m)	hotel (m)	['hɔtɛʎ]
banque (f)	bank (m)	[baŋk]
ambassade (f)	ambasada (f)	[amba'sada]
agence (f) de voyages	agencja (f) turystyczna	[a'gɛntsʲja turɪs'tɪtʃna]
bureau (m) d'information	informacja (f)	[infɔr'matsʲja]
bureau (m) de change	kantor (m)	['kantɔr]
métro (m)	metro (n)	['mɛtrɔ]
hôpital (m)	szpital (m)	['ʃpitaʎ]
station-service (f)	stacja (f) benzynowa	['statsʲja bɛnzɪ'nɔva]
parking (m)	parking (m)	['parkiŋk]

30. Les enseignes. Les panneaux

enseigne (f)	szyld (m)	[ʃɪʎt]
pancarte (f)	napis (m)	['napis]
poster (m)	plakat (m)	['pʎakat]
indicateur (m) de direction	drogowskaz (m)	[drɔ'gɔfskas]
flèche (f)	strzałka (f)	['stʃawka]
avertissement (m)	ostrzeżenie (n)	[ɔstʃɛ'ʒɛne]
panneau d'avertissement	przestroga (f)	[pʃɛst'rɔga]
avertir (vt)	ostrzegać	[ɔst'ʃɛgatʃ]
jour (m) de repos	dzień (m) wolny	[dʑeɲ 'vɔʎnɪ]
horaire (m)	rozkład (m) jazdy	['rɔskwad 'jazdɪ]
heures (f pl) d'ouverture	godziny (pl) pracy	[gɔ'dʑinɪ 'pratsɪ]
BIENVENUE!	WITAMY!	[vi'tamɪ]
ENTRÉE	WEJŚCIE	['vɛjɕtʃe]
SORTIE	WYJŚCIE	['vɪjɕtʃe]
POUSSER	PCHAĆ	[phatʃ]

TIRER	CIĄGNĄĆ	[ʧɔ̃gnɔɲʧ]
OUVERT	OTWARTE	[ɔt'fartɛ]
FERMÉ	ZAMKNIĘTE	[zamk'nentɛ]

| FEMMES | DLA PAŃ | [dʎa paɲ] |
| HOMMES | DLA MĘŻCZYZN | [dʎa 'mɛ̃ʒʧɪzn] |

RABAIS	ZNIŻKI	['zniʃki]
SOLDES	WYPRZEDAŻ	[vɪp'ʃɛdaʃ]
NOUVEAU!	NOWOŚĆ!	['nɔvɔɕʧ]
GRATUIT	GRATIS	['gratis]

ATTENTION!	UWAGA!	[u'vaga]
COMPLET	BRAK MIEJSC	[brak mejsʦ]
RÉSERVÉ	REZERWACJA	[rɛzɛr'vaʦʰja]

| ADMINISTRATION | ADMINISTRACJA | [administ'raʦʰja] |
| RÉSERVÉ AU PERSONNEL | WEJŚCIE SŁUŻBOWE | ['vɛjɕʧe swuʒ'bɔvɛ] |

ATTENTION CHIEN MÉCHANT	UWAGA! ZŁY PIES	[u'vaga zwɪ pes]
DÉFENSE DE FUMER	ZAKAZ PALENIA!	['zakas pa'leɲa]
PRIÈRE DE NE PAS TOUCHER	NIE DOTYKAĆ!	[ne dɔ'tɪkaʧ]

DANGEREUX	NIEBEZPIECZNY	[nebɛs'peʧnɪ]
DANGER	NIEBEZPIECZEŃSTWO	[nebɛspeʧɛɲstfɔ]
HAUTE TENSION	WYSOKIE NAPIĘCIE	[vɪsɔke napɛ̃ʧe]
BAIGNADE INTERDITE	KĄPIEL WZBRONIONA	[kɔmpeʎ vzbrɔnɔ̃a]
HORS SERVICE	NIECZYNNE	[neʧɪɲɛ]

INFLAMMABLE	ŁATWOPALNE	[vatvɔ'paʎnɛ]
INTERDIT	ZAKAZ	['zakas]
PASSAGE INTERDIT	ZAKAZ PRZEJŚCIA	['zakas 'pʃɛjɕʧʲa]
PEINTURE FRAÎCHE	ŚWIEŻO MALOWANE	['ɕfeʒɔ malɔ'vanɛ]

31. Le shopping

acheter (vt)	kupować	[ku'pɔvaʧ]
achat (m)	zakup (m)	['zakup]
faire des achats	robić zakupy	['rɔbiʧ za'kupɪ]
shopping (m)	zakupy (pl)	[za'kupɪ]

| être ouvert | być czynnym | [bɪʧ 'ʧɪɲɪm] |
| être fermé | być nieczynnym | [bɪʧ net'ʃɪɲɪm] |

chaussures (f pl)	obuwie (n)	[ɔ'buve]
vêtement (m)	odzież (f)	['ɔʤeʃ]
produits (m pl) de beauté	kosmetyki (pl)	[kɔs'mɛtɪki]
produits (m pl) alimentaires	artykuły (pl) spożywcze	[artɪ'kuwɪ spɔ'ʒɪfʧɛ]
cadeau (m)	prezent (m)	['prɛzɛnt]

| vendeur (m) | ekspedient (m) | [ɛks'pɛdʰent] |
| vendeuse (f) | ekspedientka (f) | [ɛkspedʰ'entka] |

caisse (f)	**kasa** (f)	['kasa]
miroir (m)	**lustro** (n)	['lystrɔ]
comptoir (m)	**lada** (f)	['ʎada]
cabine (f) d'essayage	**przymierzalnia** (f)	[pʃime'ʒaʎna]

essayer (robe, etc.)	**przymierzyć**	[pʃi'meʒitʃ]
aller bien (robe, etc.)	**pasować**	[pa'sɔvatʃ]
plaire (être apprécié)	**podobać się**	[pɔ'dɔbatʃ ɕɛ̃]

prix (m)	**cena** (f)	['tsɛna]
étiquette (f) de prix	**metka** (f)	['mɛtka]
coûter (vt)	**kosztować**	[kɔʃ'tɔvatʃ]
Combien?	**Ile kosztuje?**	['ile kɔʃ'tue]
rabais (m)	**zniżka** (f)	['zniʃka]

pas cher (adj)	**niedrogi**	[ned'rɔgi]
bon marché (adj)	**tani**	['tani]
cher (adj)	**drogi**	['drɔgi]
C'est cher	**To dużo kosztuje**	[tɔ 'duʒɔ kɔʃ'tue]

location (f)	**wypożyczalnia** (f)	[vɨpɔʒɨt'ʃaʎna]
louer (une voiture, etc.)	**wypożyczyć**	[vɨpɔ'ʒɨtʃitʃ]
crédit (m)	**kredyt** (m)	['krɛdɨt]
à crédit (adv)	**na kredyt**	[na 'krɛdɨt]

LES VÊTEMENTS & LES ACCESSOIRES

32. Les vêtements d'extérieur

vêtement (m)	odzież (f)	['ɔdʒeʃ]
survêtement (m)	wierzchnie okrycie (n)	['veʃhne ɔk'rɪtʃe]
vêtement (m) d'hiver	odzież (f) zimowa	['ɔdʒeʒ ʒi'mɔva]
manteau (m)	palto (n)	['paʎtɔ]
manteau (m) de fourrure	futro (n)	['futrɔ]
veste (f) de fourrure	futro (n) krótkie	['futrɔ 'krɔtkɛ]
manteau (m) de duvet	kurtka (f) puchowa	['kurtka pu'hɔva]
veste (f) (~ en cuir)	kurtka (f)	['kurtka]
imperméable (m)	płaszcz (m)	[pwaʃtʃ]
imperméable (adj)	nieprzemakalny	[nepʃema'kaʎnɪ]

33. Les vêtements

chemise (f)	koszula (f)	[kɔ'ʃuʎa]
pantalon (m)	spodnie (pl)	['spɔdne]
jean (m)	dżinsy (pl)	['dʒinsɪ]
veston (m)	marynarka (f)	[marɪ'narka]
complet (m)	garnitur (m)	[gar'nitur]
robe (f)	sukienka (f)	[su'keŋka]
jupe (f)	spódnica (f)	[spud'nitsa]
chemisette (f)	bluzka (f)	['blyska]
gilet (m) en laine	sweterek (m)	[sfɛ'tɛrɛk]
jaquette (f)	żakiet (m)	['ʒaket]
tee-shirt (m)	koszulka (f)	[kɔ'ʃuʎka]
short (m)	spodenki (pl)	[spɔ'dɛŋki]
costume (m) de sport	dres (m)	[drɛs]
peignoir (m) de bain	szlafrok (m)	['ʃʎafrɔk]
pyjama (m)	pidżama (f)	[pi'dʒama]
chandail (m)	sweter (m)	['sfɛtɛr]
pull-over (m)	pulower (m)	[pu'lɔvɛr]
gilet (m)	kamizelka (f)	[kami'zɛʎka]
queue-de-pie (f)	frak (m)	[frak]
smoking (m)	smoking (m)	['smɔkiŋk]
uniforme (m)	uniform (m)	[u'nifɔrm]
tenue (f) de travail	ubranie (n) robocze	[ub'rane rɔ'bɔtʃɛ]
salopette (f)	kombinezon (m)	[kɔmbi'nɛzɔn]
blouse (f) (d'un médecin)	kitel (m)	['kitɛʎ]

34. Les sous-vêtements

sous-vêtements (m pl)	bielizna (f)	[be'lizna]
maillot (m) de corps	podkoszulek (m)	[pɔtkɔ'ʃulek]
chaussettes (f pl)	skarpety (pl)	[skar'pɛtɪ]

chemise (f) de nuit	koszula (f) nocna	[kɔ'ʃuʎa 'nɔtsna]
soutien-gorge (m)	biustonosz (m)	[bys'tɔnɔʃ]
chaussettes (f pl) hautes	podkolanówki (pl)	[pɔdkɔʎa'nufki]
collants (m pl)	rajstopy (pl)	[rajs'tɔpɪ]
bas (m pl)	pończochy (pl)	[pɔɲt'ʃɔhɪ]
maillot (m) de bain	kostium (m) kąpielowy	['kostʰjum kɔ̃pelɔvɪ]

35. Les chapeaux

bonnet (m)	czapka (f)	['tʃapka]
chapeau (m) feutre	kapelusz (m) fedora	[ka'pɛlyʃ fɛ'dɔra]
casquette (f) de base-ball	bejsbolówka (f)	[bɛjsbɔ'lyfka]
casquette (f)	kaszkiet (m)	['kaʃket]

béret (m)	beret (m)	['bɛrɛt]
capuche (f)	kaptur (m)	['kaptur]
panama (m)	panama (f)	[pa'nama]

foulard (m)	chustka (f)	['hustka]
chapeau (m) de femme	kapelusik (m)	[kapɛ'lyɕik]

casque (m) (d'ouvriers)	kask (m)	[kask]
calot (m)	furażerka (f)	[fura'ʒɛrka]
casque (m) (~ de moto)	hełm (m)	[hɛwm]

melon (m)	melonik (m)	[mɛ'lɔnik]
haut-de-forme (m)	cylinder (m)	[tsɪ'lindɛr]

36. Les chaussures

chaussures (f pl)	obuwie (n)	[ɔ'buve]
bottines (f pl)	buty (pl)	['butɪ]
souliers (m pl) (~ plats)	pantofle (pl)	[pan'tɔfle]
bottes (f pl)	kozaki (pl)	[kɔ'zaki]
chaussons (m pl)	kapcie (pl)	['kaptʃe]

tennis (m pl)	adidasy (pl)	[adi'dasɪ]
baskets (f pl)	tenisówki (pl)	[tɛni'sufki]
sandales (f pl)	sandały (pl)	[san'dawɪ]

cordonnier (m)	szewc (m)	[ʃɛfts]
talon (m)	obcas (m)	['ɔbtsas]
paire (f)	para (f)	['para]
lacet (m)	sznurowadło (n)	[ʃnurɔ'vadwɔ]
lacer (vt)	sznurować	[ʃnu'rɔvatʃ]

| chausse-pied (m) | łyżka (f) do butów | [ˈwɪʒka dɔ ˈbutuf] |
| cirage (m) | pasta (f) do butów | [ˈpasta dɔ ˈbutuf] |

37. Les accessoires personnels

gants (m pl)	rękawiczki (pl)	[rɛ̃kaˈvitʃki]
moufles (f pl)	rękawiczki (pl)	[rɛ̃kaˈvitʃki]
écharpe (f)	szalik (m)	[ˈʃalik]

lunettes (f pl)	okulary (pl)	[ɔkuˈʎarɪ]
monture (f)	oprawka (f)	[ɔpˈrafka]
parapluie (m)	parasol (m)	[paˈrasɔʎ]
canne (f)	laska (f)	[ˈʎaska]
brosse (f) à cheveux	szczotka (f) do włosów	[ˈʃtʃotka dɔ ˈvwɔsuv]
éventail (m)	wachlarz (m)	[ˈvahʎaʃ]

cravate (f)	krawat (m)	[ˈkravat]
nœud papillon (m)	muszka (f)	[ˈmuʃka]
bretelles (f pl)	szelki (pl)	[ˈʃɛʎki]
mouchoir (m)	chusteczka (f) do nosa	[husˈtɛtʃka dɔ ˈnɔsa]

peigne (m)	grzebień (m)	[ˈgʒɛbeɲ]
barrette (f)	spinka (f)	[ˈspiŋka]
épingle (f) à cheveux	szpilka (f)	[ˈʃpiʎka]
boucle (f)	sprzączka (f)	[ˈspʃɔ̃tʃka]

| ceinture (f) | pasek (m) | [ˈpasɛk] |
| bandoulière (f) | pasek (m) | [ˈpasɛk] |

sac (m)	torba (f)	[ˈtɔrba]
sac (m) à main	torebka (f)	[tɔˈrɛpka]
sac (m) à dos	plecak (m)	[ˈpletsak]

38. Les vêtements. Divers

mode (f)	moda (f)	[ˈmɔda]
à la mode (adj)	modny	[ˈmɔdnɪ]
couturier (m)	projektant (m) mody	[prɔˈektant ˈmɔdɪ]

col (m)	kołnierz (m)	[ˈkɔwneʃ]
poche (f)	kieszeń (f)	[ˈkeʃɛɲ]
de poche (adj)	kieszonkowy	[keʃɔˈŋkɔvɪ]
manche (f)	rękaw (m)	[ˈrɛŋkaf]
bride (f)	wieszak (m)	[ˈveʃak]
braguette (f)	rozporek (m)	[rɔsˈpɔrɛk]

fermeture (f) à glissière	zamek (m) błyskawiczny	[ˈzamɛk bwɪskaˈvitʃnɪ]
agrafe (f)	zapięcie (m)	[zaˈpɛ̃tʃe]
bouton (m)	guzik (m)	[ˈguʒik]
boutonnière (f)	dziurką (f) na guzik	[ˈdʒyrka na guˈʒik]
s'arracher (bouton)	urwać się	[ˈurvatʃ ɕɛ̃]
coudre (vi, vt)	szyć	[ʃitʃ]

broder (vt)	haftować	[haf'tɔvatʃ]
broderie (f)	haft (m)	[haft]
aiguille (f)	igła (f)	['igwa]
fil (m)	nitka (f)	['nitka]
couture (f)	szew (m)	[ʃɛf]

se salir (vp)	wybrudzić się	[vɨb'rudʑitʃ ɕɛ̃]
tache (f)	plama (f)	['pʎama]
se froisser (vp)	zmiąć się	[zmɔ̃itʃ ɕɛ̃]
déchirer (vt)	rozerwać	[rɔ'zɛrvatʃ]
mite (f)	mól (m)	[muʎ]

39. L'hygiène corporelle. Les cosmétiques

dentifrice (m)	pasta (f) do zębów	['pasta dɔ 'zɛ̃buf]
brosse (f) à dents	szczoteczka (f) do zębów	[ʃtʃɔ'tɛtʃka dɔ 'zɛ̃buf]
se brosser les dents	myć zęby	[mɨtʃ 'zɛ̃bɨ]

rasoir (m)	maszynka (f) do golenia	[ma'ʃɨŋka dɔ gɔ'lɛɲa]
crème (f) à raser	krem (m) do golenia	[krɛm dɔ gɔ'lɛɲa]
se raser (vp)	golić się	['gɔlitʃ ɕɛ̃]

| savon (m) | mydło (n) | ['mɨdwɔ] |
| shampooing (m) | szampon (m) | ['ʃampɔn] |

ciseaux (m pl)	nożyczki (pl)	[nɔ'ʒɨtʃki]
lime (f) à ongles	pilnik (m) do paznokci	['piʎnik dɔ paz'nɔktʃi]
pinces (f pl) à ongles	cążki (pl) do paznokci	['tsɔ̃ʃki dɔ paz'nɔktʃi]
pince (f) à épiler	pinceta (f)	[pin'tsɛta]

produits (m pl) de beauté	kosmetyki (pl)	[kɔs'mɛtiki]
masque (m) de beauté	maseczka (f)	[ma'sɛtʃka]
manucure (f)	manikiur (m)	[ma'nikyr]
se faire les ongles	robić manikiur	['rɔbitʃ ma'nikyr]
pédicurie (f)	pedikiur (m)	[pɛ'dikyr]

trousse (f) de toilette	kosmetyczka (f)	[kɔsmɛ'tɨtʃka]
poudre (f)	puder (m)	['pudɛr]
poudrier (m)	puderniczka (f)	[pudɛr'nitʃka]
fard (m) à joues	róż (m)	[ruʃ]

parfum (m)	perfumy (pl)	[pɛr'fumɨ]
eau (f) de toilette	woda (f) toaletowa	['vɔda tɔale'tɔva]
lotion (f)	płyn (m) kosmetyczny	[pwɨn kɔsmɛ'tɨtʃnɨ]
eau de Cologne (f)	woda (f) kolońska	['vɔda kɔ'lɔɲska]

fard (m) à paupières	cienie (pl) do powiek	['tʃɛne dɔ 'pɔvek]
crayon (m) à paupières	kredka (f) do oczu	['krɛtka dɔ 'ɔtʃu]
mascara (m)	tusz (m) do rzęs	[tuʃ dɔ ʒɛ̃s]

rouge (m) à lèvres	szminka (f)	['ʃmiŋka]
vernis (m) à ongles	lakier (m) do paznokci	['ʎaker dɔ paz'nɔktʃi]
laque (f) pour les cheveux	lakier (m) do włosów	['ʎaker dɔ 'vwɔsuv]
déodorant (m)	dezodorant (m)	[dɛzɔ'dɔrant]

crème (f)	krem (m)	[krɛm]
crème (f) pour le visage	krem (m) do twarzy	[krɛm dɔ 'tfaʒɪ]
crème (f) pour les mains	krem (m) do rąk	[krɛm dɔ rők]
de jour (adj)	na dzień	['na dʑeɲ]
de nuit (adj)	nocny	['nɔtsnɪ]

tampon (m)	tampon (m)	['tampɔn]
papier (m) de toilette	papier (m) toaletowy	['paper tɔale'tɔvɪ]
sèche-cheveux (m)	suszarka (f) do włosów	[su'ʃarka dɔ 'vwɔsuv]

40. Les montres. Les horloges

montre (f)	zegarek (m)	[zɛ'garɛk]
cadran (m)	tarcza (f) zegarowa	['tartʃa zɛga'rɔva]
aiguille (f)	wskazówka (f)	[fska'zɔfka]
bracelet (m)	bransoleta (f)	[bransɔ'leta]
bracelet (m) (en cuir)	pasek (m)	['pasɛk]

pile (f)	bateria (f)	[ba'tɛrʲja]
être déchargé	wyczerpać się	[vɪt'ʃɛrpatʃ ɕɛ̃]
changer de pile	wymienić baterię	[vɪ'meɲitʃ ba'tɛrʲɛ̃]
avancer (vi)	śpieszyć się	['ɕpeʃitʃ ɕɛ̃]
retarder (vi)	spóźnić się	['spuʑnitʃ ɕɛ̃]

pendule (f)	zegar (m) ścienny	['zɛgar 'ɕtʃeɲɪ]
sablier (m)	klepsydra (f)	[klɛp'sɪdra]
cadran (m) solaire	zegar (m) słoneczny	['zɛgar swɔ'nɛtʃnɪ]
réveil (m)	budzik (m)	['budʑik]
horloger (m)	zegarmistrz (m)	[zɛ'garmistʃ]
réparer (vt)	naprawiać	[nap'ravʲatʃ]

L'EXPÉRIENCE QUOTIDIENNE

41. L'argent

argent (m)	pieniądze (pl)	[penɔ̃dzɛ]
échange (m)	wymiana (f)	[vɪˈmʲana]
cours (m) de change	kurs (m)	[kurs]
distributeur (m)	bankomat (m)	[baˈŋkɔmat]
monnaie (f)	moneta (f)	[mɔˈnɛta]
dollar (m)	dolar (m)	[ˈdɔʎar]
euro (m)	euro (m)	[ˈɛurɔ]
lire (f)	lir (m)	[lir]
mark (m) allemand	marka (f)	[ˈmarka]
franc (m)	frank (m)	[fraŋk]
livre sterling (f)	funt szterling (m)	[funt ˈʃtɛrliŋk]
yen (m)	jen (m)	[en]
dette (f)	dług (m)	[dwuk]
débiteur (m)	dłużnik (m)	[ˈdwuʒnik]
prêter (vt)	pożyczyć	[pɔˈʒɪtʃɪtʃ]
emprunter (vt)	pożyczyć od ...	[pɔˈʒɪtʃɪtʃ ɔt]
banque (f)	bank (m)	[baŋk]
compte (m)	konto (n)	[ˈkɔntɔ]
verser dans le compte	wpłacić na konto	[ˈvpwatʃitʃ na ˈkɔntɔ]
retirer du compte	podjąć z konta	[ˈpɔdʰɔ̃tʃ s ˈkɔnta]
carte (f) de crédit	karta (f) kredytowa	[ˈkarta krɛdɪˈtɔva]
espèces (f pl)	gotówka (f)	[gɔˈtufka]
chèque (m)	czek (m)	[tʃɛk]
faire un chèque	wystawić czek	[vɪsˈtavitʃ tʃɛk]
chéquier (m)	książeczka (f) czekowa	[kɕɔ̃ˈʒɛtʃka tʃɛˈkɔva]
portefeuille (m)	portfel (m)	[ˈpɔrtfɛʎ]
bourse (f)	portmonetka (f)	[pɔrtmɔˈnɛtka]
porte-monnaie (m)	portmonetka (f)	[pɔrtmɔˈnɛtka]
coffre fort (m)	sejf (m)	[sɛjf]
héritier (m)	spadkobierca (m)	[spatkɔˈbertsa]
héritage (m)	spadek (m)	[ˈspadɛk]
fortune (f)	majątek (m)	[maɔ̃tɛk]
location (f)	dzierżawa (f)	[dʒerˈʒava]
loyer (m) (argent)	czynsz (m)	[tʃɪnʃ]
louer (prendre en location)	wynajmować	[vɪnajˈmɔvatʃ]
prix (m)	cena (f)	[ˈtsɛna]
coût (m)	wartość (f)	[ˈvartɔɕtʃ]

somme (f)	suma (f)	['suma]
dépenser (vt)	wydawać	[vɪ'davatʃ]
dépenses (f pl)	wydatki (pl)	[vɪ'datki]
économiser (vt)	oszczędzać	[ɔʃt'ʃɛndzatʃ]
économe (adj)	ekonomiczny	[ɛkɔnɔ'mitʃnɪ]
payer (régler)	płacić	['pwatʃitʃ]
paiement (m)	opłata (f)	[ɔp'wata]
monnaie (f) (rendre la ~)	reszta (f)	['rɛʃta]
impôt (m)	podatek (m)	[pɔ'datɛk]
amende (f)	kara (f)	['kara]
mettre une amende	karać grzywną	['karatʃ 'gʒɪvnɔ̃]

42. La poste. Les services postaux

poste (f)	poczta (f)	['pɔtʃta]
courrier (m) (lettres, etc.)	poczta (f)	['pɔtʃta]
facteur (m)	listonosz (m)	[lis'tɔnɔʃ]
heures (f pl) d'ouverture	godziny (pl) pracy	[gɔ'dʑinɪ 'pratsɪ]
lettre (f)	list (m)	[list]
recommandé (m)	list (m) polecony	[list pɔle'tsɔnɪ]
carte (f) postale	pocztówka (f)	[pɔtʃ'tufka]
télégramme (m)	telegram (m)	[tɛ'legram]
colis (m)	paczka (f)	['patʃka]
mandat (m) postal	przekaz (m) pieniężny	['pʃɛkas pe'nenʒnɪ]
recevoir (vt)	odebrać	[ɔ'dɛbratʃ]
envoyer (vt)	wysłać	['vɪswatʃ]
envoi (m)	wysłanie (n)	[vɪs'wane]
adresse (f)	adres (m)	['adrɛs]
code (m) postal	kod (m) pocztowy	[kɔt pɔtʃ'tɔvɪ]
expéditeur (m)	nadawca (m)	[na'daftsa]
destinataire (m)	odbiorca (m)	[ɔd'bɔrtsa]
prénom (m)	imię (n)	['imɛ̃]
nom (m) de famille	nazwisko (n)	[naz'viskɔ]
tarif (m)	taryfa (f)	[ta'rɪfa]
normal (adj)	zwykła	['zvɪkwa]
économique (adj)	oszczędna	[ɔʃt'ʃɛndna]
poids (m)	ciężar (m)	['tʃenʒar]
peser (~ les lettres)	ważyć	['vaʒɪtʃ]
enveloppe (f)	koperta (f)	[kɔ'pɛrta]
timbre (m)	znaczek (m)	['znatʃɛk]
timbrer (vt)	naklejać znaczek	[nak'lejatʃ 'znatʃɛk]

43. Les opérations bancaires

banque (f)	bank (m)	[baŋk]
agence (f) bancaire	filia (f)	['fiʎja]

| conseiller (m) | konsultant (m) | [kɔn'suʌtant] |
| gérant (m) | kierownik (m) | [ke'rɔvnik] |

compte (m)	konto (n)	['kɔntɔ]
numéro (m) du compte	numer (m) konta	['numɛr 'kɔnta]
compte (m) courant	rachunek (m) bieżący	[ra'hunɛk be'ʒɔ̃tsı]
compte (m) sur livret	rachunek (m) oszczędnościowy	[ra'hunɛk ɔʃtʃɛdnɔɕtʃɔvı]

ouvrir un compte	założyć konto	[za'wɔʒıtʃ 'kɔntɔ]
clôturer le compte	zamknąć konto	['zamknɔntʃ 'kɔ̃tɔ]
verser dans le compte	wpłacić na konto	['vpwatʃitʃ na 'kɔntɔ]
retirer du compte	podjąć z konta	['pɔdʰɔ̃tʃ s 'kɔnta]

dépôt (m)	wkład (m)	[fkwat]
faire un dépôt	dokonać wpłaty	[dɔ'kɔnatʃ 'fpwatı]
virement (m) bancaire	przelew (m)	['pʃɛlev]
faire un transfert	dokonać przelewu	[dɔ'kɔnatʃ pʃɛ'levu]

| somme (f) | suma (f) | ['suma] |
| Combien? | Ile? | ['ile] |

| signature (f) | podpis (m) | ['pɔdpis] |
| signer (vt) | podpisać | [pɔd'pisatʃ] |

carte (f) de crédit	karta (f) kredytowa	['karta krɛdı'tɔva]
code (m)	kod (m)	[kɔd]
numéro (m) de carte de crédit	numer (m) karty kredytowej	['numɛr 'kartı krɛdı'tɔvɛj]
distributeur (m)	bankomat (m)	[ba'ŋkɔmat]

chèque (m)	czek (m)	[tʃɛk]
faire un chèque	wystawić czek	[vıs'tavitʃ tʃɛk]
chéquier (m)	książeczka (f) czekowa	[kɕɔ̃'ʒɛtʃka tʃɛ'kɔva]

crédit (m)	kredyt (m)	['krɛdıt]
demander un crédit	wystąpić o kredyt	[vıs'tɔ̃pitʃ ɔ 'krɛdıt]
prendre un crédit	brać kredyt	[bratʃ 'krɛdıt]
accorder un crédit	udzielać kredytu	[u'dʒeʌatʃ krɛ'dıtu]
gage (m)	gwarancja (f)	[gva'rantsʰja]

44. Le téléphone. La conversation téléphonique

téléphone (m)	telefon (m)	[tɛ'lefɔn]
portable (m)	telefon (m) komórkowy	[tɛ'lefɔn kɔmur'kɔvı]
répondeur (m)	sekretarka (f)	[sɛkrɛ'tarka]

| téléphoner, appeler | dzwonić | ['dzvɔnitʃ] |
| appel (m) | telefon (m) | [tɛ'lefɔn] |

composer le numéro	wybrać numer	['vıbratʃ 'numɛr]
Allô!	Halo!	['halɔ]
demander (~ l'heure)	zapytać	[za'pıtatʃ]
répondre (vi, vt)	odpowiedzieć	[ɔtpɔ'vedʒetʃ]
entendre (bruit, etc.)	słyszeć	['swıʃetʃ]

bien (adv)	dobrze	['dɔbʒɛ]
mal (adv)	źle	[zⁱle]
bruits (m pl)	zakłócenia (pl)	[zakwu'ʦɛɲa]

récepteur (m)	słuchawka (f)	[swu'hafka]
décrocher (vt)	podnieść słuchawkę	['pɔdneɕʧ swu'hafkɛ̃]
raccrocher (vi)	odłożyć słuchawkę	[ɔd'wɔʒɨʧ swu'hafkɛ̃]

occupé (adj)	zajęty	[za'entɨ]
sonner (vi)	dzwonić	['dzvɔniʧ]
carnet (m) de téléphone	książka (f) telefoniczna	[kɕɔ̃ʃka tɛlefɔ'nitʃna]

local (adj)	miejscowy	[mejs'ʦɔvɨ]
interurbain (adj)	międzymiastowy	[mɛ̃dzɨmⁱas'tɔvɨ]
international (adj)	międzynarodowy	[mɛ̃dzɨnarɔ'dɔvɨ]

45. Le téléphone portable

portable (m)	telefon (m) komórkowy	[tɛ'lefɔn kɔmur'kɔvɨ]
écran (m)	wyświetlacz (m)	[vɪɕ'fetʌatʃ]
bouton (m)	klawisz (m)	['kʌaviʃ]
carte SIM (f)	karta (f) SIM	['karta sim]

pile (f)	bateria (f)	[ba'tɛrʰja]
être déchargé	rozładować się	[rɔzwa'dɔvatʃ ɕɛ̃]
chargeur (m)	ładowarka (f)	[wadɔ'varka]

menu (m)	menu (n)	['menu]
réglages (m pl)	ustawienia (pl)	[usta'veɲa]
mélodie (f)	melodia (f)	[mɛ'lɔdʰja]
sélectionner (vt)	wybrać	['vɪbratʃ]

calculatrice (f)	kalkulator (m)	[kaʌku'ʌatɔr]
répondeur (m)	sekretarka (f)	[sɛkrɛ'tarka]
réveil (m)	budzik (m)	['budʑik]
contacts (m pl)	kontakty (pl)	[kɔn'taktɨ]

| SMS (m) | SMS (m) | [ɛs ɛm ɛs] |
| abonné (m) | abonent (m) | [a'bɔnɛnt] |

46. La papeterie

| stylo (m) à bille | długopis (m) | [dwu'gɔpis] |
| stylo (m) à plume | pióro (n) | ['pyrɔ] |

crayon (m)	ołówek (m)	[ɔ'wuvɛk]
marqueur (m)	marker (m)	['markɛr]
feutre (m)	flamaster (m)	[fʌa'mastɛr]

bloc-notes (m)	notes (m)	['nɔtɛs]
agenda (m)	kalendarz (m)	[ka'lendaʃ]
règle (f)	linijka (f)	[li'nijka]

calculatrice (f)	kalkulator (m)	[kaʎkuˈʎatɔr]
gomme (f)	gumka (f)	[ˈgumka]
punaise (f)	pinezka (f)	[piˈnɛska]
trombone (m)	spinacz (m)	[ˈspinatʃ]

colle (f)	klej (m)	[klej]
agrafeuse (f)	zszywacz (m)	[ˈsʃɨvatʃ]
perforateur (m)	dziurkacz (m)	[ˈdʒɨrkatʃ]
taille-crayon (m)	temperówka (f)	[tɛmpɛˈrufka]

47. Les langues étrangères

langue (f)	język (m)	[ˈenzɨk]
langue (f) étrangère	obcy język (m)	[ˈɔbtsɨ ˈenzɨk]
étudier (vt)	studiować	[studʰɜvatʃ]
apprendre (~ l'arabe)	uczyć się	[ˈutʃitʃ ɕɛ̃]

lire (vi, vt)	czytać	[ˈtʃɨtatʃ]
parler (vi, vt)	mówić	[ˈmuvitʃ]
comprendre (vt)	rozumieć	[rɔˈzumetʃ]
écrire (vt)	pisać	[ˈpisatʃ]

vite (adv)	szybko	[ˈʃɨpkɔ]
lentement (adv)	wolno	[ˈvɔʎnɔ]
couramment (adv)	swobodnie	[sfɔˈbɔdne]

règles (f pl)	reguły (pl)	[rɛˈguwɨ]
grammaire (f)	gramatyka (f)	[graˈmatɨka]
vocabulaire (m)	słownictwo (n)	[swɔvˈnitstfɔ]
phonétique (f)	fonetyka (f)	[fɔˈnɛtɨka]

manuel (m)	podręcznik (m)	[pɔdˈrɛntʃnik]
dictionnaire (m)	słownik (m)	[ˈswɔvnik]
manuel (m) autodidacte	samouczek (m)	[samɔˈutʃɛk]
guide (m) de conversation	rozmówki (pl)	[rɔzˈmufki]

cassette (f)	kaseta (f)	[kaˈsɛta]
cassette (f) vidéo	kaseta (f) wideo	[kaˈsɛta viˈdɛɔ]
CD (m)	płyta CD (f)	[ˈpwɨta siˈdi]
DVD (m)	płyta DVD (f)	[ˈpwɨta diviˈdi]

alphabet (m)	alfabet (m)	[aʎˈfabɛt]
épeler (vt)	przeliterować	[pʃɛliteˈrɔvatʃ]
prononciation (f)	wymowa (f)	[vɨˈmɔva]

accent (m)	akcent (m)	[ˈaktsɛnt]
avec un accent	z akcentem	[z akˈtsɛntɛm]
sans accent	bez akcentu	[bɛz akˈtsɛntu]

| mot (m) | wyraz (m), słowo (n) | [ˈvɨras], [ˈsvɔvɔ] |
| sens (m) | znaczenie (n) | [znaˈtʃɛnie] |

| cours (m pl) | kurs (m) | [kurs] |
| s'inscrire (vp) | zapisać się | [zaˈpisatʃ ɕɛ̃] |

professeur (m) (~ d'anglais) | **wykładowca** (m) | [vɪkwa'dɔftsa]
traduction (f) (action) | **tłumaczenie** (n) | [twumat'ʃɛne]
traduction (f) (texte) | **przekład** (m) | ['pʃɛkwat]
traducteur (m) | **tłumacz** (m) | ['twumatʃ]
interprète (m) | **tłumacz** (m) | ['twumatʃ]

polyglotte (m) | **poliglota** (m) | [pɔlig'lɔta]
mémoire (f) | **pamięć** (f) | ['pamɛ̃tʃ]

LES REPAS. LE RESTAURANT

48. Le dressage de la table

cuillère (f)	łyżka (f)	['wɪʃka]
couteau (m)	nóż (m)	[nuʃ]
fourchette (f)	widelec (m)	[vi'dɛlets]
tasse (f)	filiżanka (f)	[fili'ʒaŋka]
assiette (f)	talerz (m)	['taleʃ]
soucoupe (f)	spodek (m)	['spɔdɛk]
serviette (f)	serwetka (f)	[sɛr'vɛtka]
cure-dent (m)	wykałaczka (f)	[vɪka'watʃka]

49. Le restaurant

restaurant (m)	restauracja (f)	[rɛstau'ratsʰja]
salon (m) de café	kawiarnia (f)	[ka'vʲarɲa]
bar (m)	bar (m)	[bar]
salon (m) de thé	herbaciarnia (f)	[hɛrba'tʃarɲa]
serveur (m)	kelner (m)	['kɛʎnɛr]
serveuse (f)	kelnerka (f)	[kɛʎ'nɛrka]
barman (m)	barman (m)	['barman]
carte (f)	menu (n)	['menu]
carte (f) des vins	karta (f) win	['karta vin]
réserver une table	zarezerwować stolik	[zarɛzɛrvɔvatʃ 'stɔlik]
plat (m)	danie (n)	['dane]
commander (vt)	zamówić	[za'muvitʃ]
faire la commande	zamówić	[za'muvitʃ]
apéritif (m)	aperitif (m)	[apɛri'tif]
hors-d'œuvre (m)	przystawka (f)	[pʃis'tafka]
dessert (m)	deser (m)	['dɛsɛr]
addition (f)	rachunek (m)	[ra'hunɛk]
régler l'addition	zapłacić rachunek	[zap'watʃitʃ ra'hunɛk]
rendre la monnaie	wydać resztę	['vɪdatʃ 'rɛʃtɛ̃]
pourboire (m)	napiwek (m)	[na'pivɛk]

50. Les repas

nourriture (f)	jedzenie (n)	[e'dzɛne]
manger (vi, vt)	jeść	[eɕtʃ]

petit déjeuner (m)	śniadanie (n)	[ɕɲa'dane]
prendre le petit déjeuner	jeść śniadanie	[eɕtʃ ɕɲa'dane]
déjeuner (m)	obiad (m)	['ɔbʲat]
déjeuner (vi)	jeść obiad	[eɕtʃ 'ɔbʲat]
dîner (m)	kolacja (f)	[kɔ'ʎatsʰja]
dîner (vi)	jeść kolację	[eɕtʃ kɔ'ʎatsʰɛ̃]

| appétit (m) | apetyt (m) | [a'pɛtɪt] |
| Bon appétit! | Smacznego! | [smatʃ'nɛgɔ] |

ouvrir (vt)	otwierać	[ɔt'feratʃ]
renverser (liquide)	rozlać	['rɔzʎatʃ]
se renverser (liquide)	rozlać się	['rɔzʎatʃ ɕɛ̃]

bouillir (vi)	gotować się	[gɔ'tɔvatʃ ɕɛ̃]
faire bouillir	gotować	[gɔ'tɔvatʃ]
bouilli (l'eau ~e)	gotowany	[gɔtɔ'vanɪ]
refroidir (vt)	ostudzić	[ɔs'tudʒitʃ]
se refroidir (vp)	stygnąć	['stɪgnɔ̃tʃ]

| goût (m) | smak (m) | [smak] |
| arrière-goût (m) | posmak (m) | ['pɔsmak] |

suivre un régime	odchudzać się	[ɔd'hudzatʃ ɕɛ̃]
régime (m)	dieta (f)	['dʰeta]
vitamine (f)	witamina (f)	[vita'mina]
calorie (f)	kaloria (f)	[ka'lɔrja]
végétarien (m)	wegetarianin (m)	[vɛgɛtarʰʲjanin]
végétarien (adj)	wegetariański	[vɛgɛtarʰʲjaɲski]

lipides (m pl)	tłuszcze (pl)	['twuʃtʃɛ]
protéines (f pl)	białka (pl)	['bʲawka]
glucides (m pl)	węglowodany (pl)	[vɛnɛ̃zvɔ'danɪ]
tranche (f)	plasterek (m)	[pʎas'tɛrɛk]
morceau (m)	kawałek (m)	[ka'vawɛk]
miette (f)	okruchek (m)	[ɔk'ruhɛk]

51. Les plats cuisinés

plat (m)	danie (n)	['dane]
cuisine (f)	kuchnia (f)	['kuhɲa]
recette (f)	przepis (m)	['pʃɛpis]
portion (f)	porcja (f)	['pɔrtsʰja]

| salade (f) | sałatka (f) | [sa'watka] |
| soupe (f) | zupa (f) | ['zupa] |

bouillon (m)	rosół (m)	['rɔsuw]
sandwich (m)	kanapka (f)	[ka'napka]
les œufs brouillés	jajecznica (f)	[jaetʃ'nitsa]

boulette (f)	kotlet (m)	['kɔtlɛt]
hamburger (m)	hamburger (m)	[ham'burgɛr]
steak (m)	befsztyk (m)	['bɛfʃtɪk]

rôti (m)	pieczeń (f)	['petʃɛɲ]
garniture (f)	dodatki (pl)	[dɔ'datki]
spaghettis (m pl)	spaghetti (n)	[spa'gɛtti]
pizza (f)	pizza (f)	['piʦa]
bouillie (f)	kasza (f)	['kaʃa]
omelette (f)	omlet (m)	['ɔmlɛt]

cuit à l'eau (adj)	gotowany	[gɔtɔ'vanɪ]
fumé (adj)	wędzony	[vɛ̃'dzɔnɪ]
frit (adj)	smażony	[sma'ʒɔnɪ]
sec (adj)	suszony	[su'ʃɔnɪ]
congelé (adj)	mrożony	[mrɔ'ʒɔnɪ]
mariné (adj)	marynowany	[marɪnɔ'vanɪ]

sucré (adj)	słodki	['swɔtki]
salé (adj)	słony	['swɔnɪ]
froid (adj)	zimny	['ʒimnɪ]
chaud (adj)	gorący	[gɔ'rɔ̃ʦɪ]
amer (adj)	gorzki	['gɔʃki]
bon (savoureux)	smaczny	['smatʃnɪ]

cuire à l'eau	gotować	[gɔ'tɔvatʃ]
préparer (le dîner)	gotować	[gɔ'tɔvatʃ]
faire frire	smażyć	['smaʒɪtʃ]
réchauffer (vt)	odgrzewać	[ɔdg'ʒɛvatʃ]

saler (vt)	solić	['sɔlitʃ]
poivrer (vt)	pieprzyć	['pepʃitʃ]
râper (vt)	trzeć	[tʃɛtʃ]
peau (f)	skórka (f)	['skurka]
éplucher (vt)	obierać	[ɔ'beratʃ]

52. Les aliments

viande (f)	mięso (n)	['mensɔ]
poulet (m)	kurczak (m)	['kurtʃak]
poulet (m) (poussin)	kurczak (m)	['kurtʃak]
canard (m)	kaczka (f)	['katʃka]
oie (f)	gęś (f)	[gɛ̃ɕ]
gibier (m)	dziczyzna (f)	[dʒitʃ'ʃɪzna]
dinde (f)	indyk (m)	['indɪk]

du porc	wieprzowina (f)	[vepʃɔ'vina]
du veau	cielęcina (f)	[tʃelɛ̃'tʃina]
du mouton	baranina (f)	[bara'nina]
du bœuf	wołowina (f)	[vɔwɔ'vina]
lapin (m)	królik (m)	['krulik]

saucisson (m)	kiełbasa (f)	[kew'basa]
saucisse (f)	parówka (f)	[pa'rufka]
bacon (m)	boczek (m)	['bɔtʃɛk]
jambon (m)	szynka (f)	['ʃɪnka]
cuisse (f)	szynka (f)	['ʃɪnka]
pâté (m)	pasztet (m)	['paʃtɛt]

foie (m)	wątróbka (f)	[vɔ̃t'rupka]
lard (m)	smalec (m)	['smalets]
farce (f)	farsz (m)	[farʃ]
langue (f)	ozór (m)	['ɔzur]
œuf (m)	jajko (n)	['jajkɔ]
les œufs	jajka (pl)	['jajka]
blanc (m) d'œuf	białko (n)	['b'awkɔ]
jaune (m) d'œuf	żółtko (n)	['ʒuwtkɔ]
poisson (m)	ryba (f)	['rɪba]
fruits (m pl) de mer	owoce (pl) morza	[ɔ'vɔtsɛ 'mɔʒa]
caviar (m)	kawior (m)	['kavɜr]
crabe (m)	krab (m)	[krap]
crevette (f)	krewetka (f)	[krɛ'vɛtka]
huître (f)	ostryga (f)	[ɔst'rɪga]
langoustine (f)	langusta (f)	[ʎa'ŋusta]
poulpe (m)	ośmiornica (f)	[ɔɕmɜr'nitsa]
calamar (m)	kałamarnica (f)	[kawamar'nitsa]
esturgeon (m)	mięso (n) jesiotra	['mensɔ e'ɕɜtra]
saumon (m)	łosoś (m)	['wɔsɔɕ]
flétan (m)	halibut (m)	[ha'libut]
morue (f)	dorsz (m)	[dɔrʃ]
maquereau (m)	makrela (f)	[mak'rɛla]
thon (m)	tuńczyk (m)	['tuɲtʃɪk]
anguille (f)	węgorz (m)	['vɛŋɔʃ]
truite (f)	pstrąg (m)	[pstrɔ̃k]
sardine (f)	sardynka (f)	[sar'dɪŋka]
brochet (m)	szczupak (m)	['ʃtʃupak]
hareng (m)	śledź (m)	[ɕletʃ]
pain (m)	chleb (m)	[hlep]
fromage (m)	ser (m)	[sɛr]
sucre (m)	cukier (m)	['tsuker]
sel (m)	sól (f)	[suʎ]
riz (m)	ryż (m)	[rɪʃ]
pâtes (m pl)	makaron (m)	[ma'karɔn]
nouilles (f pl)	makaron (m)	[ma'karɔn]
beurre (m)	masło (n) śmietankowe	['maswɔ ɕmeta'ŋkɔvɛ]
huile (f) végétale	olej (m) roślinny	['ɔlej rɔɕliɲ]
huile (f) de tournesol	olej (m) słonecznikowy	['ɔlej swɔnɛtʃnikɔvɪ]
margarine (f)	margaryna (f)	[marga'rɪna]
olives (f pl)	oliwki (f pl)	[ɔ'lifki]
huile (f) d'olive	olej (m) oliwkowy	['ɔlej ɔlif'kɔvɪ]
lait (m)	mleko (n)	['mlekɔ]
lait (m) condensé	mleko (n) skondensowane	['mlekɔ skɔndɛnsɔ'vanɛ]
yogourt (m)	jogurt (m)	[ɜgurt]
crème (f) aigre	śmietana (f)	[ɕme'tana]

crème (f) (de lait)	śmietanka (f)	[ɕmeˈtaŋka]
sauce (f) mayonnaise	majonez (m)	[maɔnɛs]
crème (f) au beurre	krem (m)	[krɛm]

gruau (m)	kasza (f)	[ˈkaʃa]
farine (f)	mąka (f)	[ˈmɔ̃ka]
conserves (f pl)	konserwy (pl)	[kɔnˈsɛrvɪ]

pétales (m pl) de maïs	płatki (pl) kukurydziane	[ˈpwatki kukurɪˈdʑʲanɛ]
miel (m)	miód (m)	[myt]
confiture (f)	dżem (m)	[dʒɛm]
gomme (f) à mâcher	guma (f) do żucia	[ˈguma dɔ ˈʒutʃʲa]

53. Les boissons

eau (f)	woda (f)	[ˈvɔda]
eau (f) potable	woda (f) pitna	[ˈvɔda ˈpitna]
eau (f) minérale	woda (f) mineralna	[ˈvɔda minɛˈraʎna]

plate (adj)	niegazowana	[negaˈzɔvana]
gazeuse (l'eau ~)	gazowana	[gaˈzɔvana]
pétillante (adj)	gazowana	[gaˈzɔvana]
glace (f)	lód (m)	[lyt]
avec de la glace	z lodem	[z ˈlɔdɛm]

sans alcool	bezalkoholowy	[bɛzaʎkɔhɔˈlɔvɪ]
boisson (f) non alcoolisée	napój (m) bezalkoholowy	[ˈnapuj bɛzalkɔhɔˈlɔvɪ]
rafraîchissement (m)	napój (m) orzeźwiający	[ˈnapuj ɔʒɛʑʲvjaɕtsɪ]
limonade (f)	lemoniada (f)	[lemɔˈɲjada]

boissons (f pl) alcoolisées	napoje (pl) alkoholowe	[naˈpɔe aʎkɔhɔˈlɔvɛ]
vin (m)	wino (n)	[ˈvinɔ]
vin (m) blanc	białe wino (n)	[ˈbʲawɛ ˈvinɔ]
vin (m) rouge	czerwone wino (n)	[tʃɛrˈvɔnɛ ˈvinɔ]

liqueur (f)	likier (m)	[ˈliker]
champagne (m)	szampan (m)	[ˈʃampan]
vermouth (m)	wermut (m)	[ˈvɛrmut]

whisky (m)	whisky (f)	[uˈiski]
vodka (f)	wódka (f)	[ˈvutka]
gin (m)	dżin (m), gin (m)	[dʑin]
cognac (m)	koniak (m)	[ˈkɔɲjak]
rhum (m)	rum (m)	[rum]

café (m)	kawa (f)	[ˈkava]
café (m) noir	czarna kawa (f)	[ˈtʃarna ˈkava]
café (m) au lait	kawa (f) z mlekiem	[ˈkava z ˈmlekem]
cappuccino (m)	cappuccino (n)	[kapuˈtʃinɔ]
café (m) soluble	kawa (f) rozpuszczalna	[ˈkava rɔspuʃtˈʃaʎna]

lait (m)	mleko (n)	[ˈmlekɔ]
cocktail (m)	koktajl (m)	[ˈkɔktajʎ]
cocktail (m) au lait	koktajl (m) mleczny	[ˈkɔktajʎ ˈmletʃnɪ]

jus (m)	sok (m)	[sɔk]
jus (m) de tomate	sok (m) pomidorowy	[sɔk pɔmidɔˈrɔvɨ]
jus (m) d'orange	sok (m) pomarańczowy	[sɔk pɔmaraɲˈtʃɔvɨ]
jus (m) pressé	sok (m) ze świeżych owoców	[sɔk zɛ ˈɕfeʒɨh ɔvɔtsuf]
bière (f)	piwo (n)	[ˈpivɔ]
bière (f) blonde	piwo (n) jasne	[pivɔ ˈjasnɛ]
bière (f) brune	piwo (n) ciemne	[pivɔ ˈtʃemnɛ]
thé (m)	herbata (f)	[hɛrˈbata]
thé (m) noir	czarna herbata (f)	[ˈtʃarna hɛrˈbata]
thé (m) vert	zielona herbata (f)	[ʒeˈlɔna hɛrˈbata]

54. Les légumes

légumes (m pl)	warzywa (pl)	[vaˈʒɨva]
verdure (f)	włoszczyzna (f)	[vwɔʃtʃˈʃɨzna]
tomate (f)	pomidor (m)	[pɔˈmidɔr]
concombre (m)	ogórek (m)	[ɔˈgurɛk]
carotte (f)	marchew (f)	[ˈmarhɛf]
pomme (f) de terre	ziemniak (m)	[ʒemˈɲak]
oignon (m)	cebula (f)	[tsɛˈbuʎa]
ail (m)	czosnek (m)	[ˈtʃɔsnɛk]
chou (m)	kapusta (f)	[kaˈpusta]
chou-fleur (m)	kalafior (m)	[kaˈʎafɜr]
chou (m) de Bruxelles	brukselka (f)	[brukˈsɛʎka]
brocoli (m)	brokuły (pl)	[brɔˈkuwɨ]
betterave (f)	burak (m)	[ˈburak]
aubergine (f)	bakłażan (m)	[bakˈwaʒan]
courgette (f)	kabaczek (m)	[kaˈbatʃɛk]
potiron (m)	dynia (f)	[ˈdɨɲa]
navet (m)	rzepa (f)	[ˈʒɛpa]
persil (m)	pietruszka (f)	[petˈruʃka]
fenouil (m)	koperek (m)	[kɔˈpɛrɛk]
laitue (f) (salade)	sałata (f)	[saˈwata]
céleri (m)	seler (m)	[ˈsɛler]
asperge (f)	szparagi (pl)	[ʃpaˈragi]
épinard (m)	szpinak (m)	[ˈʃpinak]
pois (m)	groch (m)	[grɔh]
fèves (f pl)	bób (m)	[bup]
maïs (m)	kukurydza (f)	[kukuˈrɨdza]
haricot (m)	fasola (f)	[faˈsɔʎa]
poivron (m)	słodka papryka (f)	[ˈswɔdka papˈrɨka]
radis (m)	rzodkiewka (f)	[ʒɔtˈkefka]
artichaut (m)	karczoch (m)	[ˈkartʃɔh]

55. Les fruits. Les noix

fruit (m)	owoc (m)	['ɔvɔʦ]
pomme (f)	jabłko (n)	['jabkɔ]
poire (f)	gruszka (f)	['gruʃka]
citron (m)	cytryna (f)	[ʦɨt'rɨna]
orange (f)	pomarańcza (f)	[pɔma'raɲʧa]
fraise (f)	truskawka (f)	[trus'kafka]

mandarine (f)	mandarynka (f)	[manda'rɨŋka]
prune (f)	śliwka (f)	['ɕlifka]
pêche (f)	brzoskwinia (f)	[bʒɔsk'fiɲa]
abricot (m)	morela (f)	[mɔ'rɛʎa]
framboise (f)	malina (f)	[ma'lina]
ananas (m)	ananas (m)	[a'nanas]

banane (f)	banan (m)	['banan]
pastèque (f)	arbuz (m)	['arbus]
raisin (m)	winogrona (pl)	[vinɔg'rɔna]
cerise (f)	wiśnia (f)	['viɕɲa]
merise (f)	czereśnia (f)	[ʧɛ'rɛɕɲa]
melon (m)	melon (m)	['mɛlɜn]

pamplemousse (m)	grejpfrut (m)	['grɛjpfrut]
avocat (m)	awokado (n)	[avɔ'kadɔ]
papaye (f)	papaja (f)	[pa'paja]
mangue (f)	mango (n)	['maŋɔ]
grenade (f)	granat (m)	['granat]

groseille (f) rouge	czerwona porzeczka (f)	[ʧɛr'vɔna pɔ'ʒɛʧka]
cassis (m)	czarna porzeczka (f)	['ʧarna pɔ'ʒɛʧka]
groseille (f) verte	agrest (m)	['agrɛst]
myrtille (f)	borówka (f) czarna	[bɔ'rɔfka 'ʧarna]
mûre (f)	jeżyna (f)	[e'ʒɨna]

raisin (m) sec	rodzynek (m)	[rɔ'ʣɨnɛk]
figue (f)	figa (f)	['figa]
datte (f)	daktyl (m)	['daktɨl]

cacahuète (f)	orzeszek (pl) ziemny	[ɔ'ʒɛʃɛk 'ʒemnɛ]
amande (f)	migdał (m)	['migdaw]
noix (f)	orzech (m) włoski	['ɔʒɛh 'vwɔski]
noisette (f)	orzech (m) laskowy	['ɔʒɛh ʎas'kɔvɨ]
noix (f) de coco	orzech (m) kokosowy	['ɔʒɛh kɔkɔ'sɔvɨ]
pistaches (f pl)	fistaszki (pl)	[fis'taʃki]

56. Le pain. Les confiseries

confiserie (f)	wyroby (pl) cukiernicze	[vɨ'rɔbɨ ʦuker'niʧɛ]
pain (m)	chleb (m)	[hlep]
biscuit (m)	herbatniki (pl)	[hɛrbat'niki]
chocolat (m)	czekolada (f)	[ʧɛkɔ'ʎada]
en chocolat (adj)	czekoladowy	[ʧɛkɔʎa'dɔvɨ]

bonbon (m)	cukierek (m)	[ʦu'kɛrɛk]
gâteau (m), pâtisserie (f)	ciastko (n)	['ʧastkɔ]
tarte (f)	tort (m)	[tɔrt]
gâteau (m)	ciasto (n)	['ʧastɔ]
garniture (f)	nadzienie (n)	[na'ʤɛne]
confiture (f)	konfitura (f)	[kɔnfi'tura]
marmelade (f)	marmolada (f)	[marmɔ'ʎada]
gaufre (f)	wafle (pl)	['vafle]
glace (f)	lody (pl)	['lɔdɪ]

57. Les épices

sel (m)	sól (f)	[suʎ]
salé (adj)	słony	['swɔnɪ]
saler (vt)	solić	['sɔliʧ]
poivre (m) noir	pieprz (m) czarny	[pepʃ 'ʧarnɪ]
poivre (m) rouge	papryka (f)	[pap'rɪka]
moutarde (f)	musztarda (f)	[muʃ'tarda]
raifort (m)	chrzan (m)	[hʃan]
condiment (m)	przyprawa (f)	[pʃɪp'rava]
épice (f)	przyprawa (f)	[pʃɪp'rava]
sauce (f)	sos (m)	[sɔs]
vinaigre (m)	ocet (m)	['ɔʦet]
anis (m)	anyż (m)	['anɪʃ]
basilic (m)	bazylia (f)	[ba'zɪʎja]
clou (m) de girofle	goździki (pl)	['gɔʑ'dʑiki]
gingembre (m)	imbir (m)	['imbir]
coriandre (m)	kolendra (f)	[kɔ'lendra]
cannelle (f)	cynamon (m)	[ʦɪ'namɔn]
sésame (m)	sezam (m)	['sɛzam]
feuille (f) de laurier	liść (m) laurowy	[liɕʧ ʎau'rɔvɪ]
paprika (m)	papryka (f)	[pap'rɪka]
cumin (m)	kminek (m)	['kminɛk]
safran (m)	szafran (m)	['ʃafran]

LES DONNÉES PERSONNELLES. LA FAMILLE

58. Les données personnelles. Les formulaires

prénom (m)	imię (n)	['imɛ̃]
nom (m) de famille	nazwisko (n)	[naz'viskɔ]
date (f) de naissance	data (f) urodzenia	['data urɔ'dzɛɲa]
lieu (m) de naissance	miejsce (n) urodzenia	['mejstsɛ urɔ'dzɛɲa]
nationalité (f)	narodowość (f)	[narɔ'dɔvɔɕtʃ]
domicile (m)	miejsce (n) zamieszkania	['mejstse zameʃ'kaɲa]
pays (m)	kraj (m)	[kraj]
profession (f)	zawód (m)	['zavut]
sexe (m)	płeć (f)	['pwɛtʃ]
taille (f)	wzrost (m)	[vzrɔst]
poids (m)	waga (f)	['vaga]

59. La famille. Les liens de parenté

mère (f)	matka (f)	['matka]
père (m)	ojciec (m)	['ɔjtʃets]
fils (m)	syn (m)	[sɪn]
fille (f)	córka (f)	['tsurka]
fille (f) cadette	młodsza córka (f)	['mwɔtʃa 'tsurka]
fils (m) cadet	młodszy syn (m)	['mwɔtʃɪ sɪn]
fille (f) aînée	starsza córka (f)	['starʃa 'tsurka]
fils (m) aîné	starszy syn (m)	['starʃɪ sɪn]
frère (m)	brat (m)	[brat]
sœur (f)	siostra (f)	['ɕɔstra]
cousin (m)	kuzyn (m)	['kuzɪn]
cousine (f)	kuzynka (f)	[ku'zɪŋka]
maman (f)	mama (f)	['mama]
papa (m)	tata (m)	['tata]
parents (m pl)	rodzice (pl)	[rɔ'dʑitsɛ]
enfant (m, f)	dziecko (n)	['dʑetskɔ]
enfants (pl)	dzieci (pl)	['dʑetʃi]
grand-mère (f)	babcia (f)	['babtʃa]
grand-père (m)	dziadek (m)	['dʑadɛk]
petit-fils (m)	wnuk (m)	[vnuk]
petite-fille (f)	wnuczka (f)	['vnutʃka]
petits-enfants (pl)	wnuki (pl)	['vnuki]
oncle (m)	wujek (m)	['vuek]
tante (f)	ciocia (f)	['tʃɔtʃa]

neveu (m)	bratanek (m), siostrzeniec (m)	[bra'tanɛk], [sɔst'ʃɛneʦ]
nièce (f)	bratanica (f), siostrzenica (f)	[brata'niʦa], [sɔst'ʃɛniʦa]
belle-mère (f)	teściowa (f)	[tɛɕ'tʃɔva]
beau-père (m)	teść (m)	[tɛɕʧ]
gendre (m)	zięć (m)	[ʒɛ̃ʧ]
belle-mère (f)	macocha (f)	[ma'ʦɔha]
beau-père (m)	ojczym (m)	['ɔjʧim]
nourrisson (m)	niemowlę (n)	[ne'mɔvlɛ̃]
bébé (m)	niemowlę (n)	[ne'mɔvlɛ̃]
petit (m)	maluch (m)	['malyh]
femme (f)	żona (f)	['ʒɔna]
mari (m)	mąż (m)	[mɔ̃ʃ]
époux (m)	małżonek (m)	[maw'ʒɔnɛk]
épouse (f)	małżonka (f)	[maw'ʒɔŋka]
marié (adj)	żonaty	[ʒɔ'nati]
mariée (adj)	zamężna	[za'mɛnʒna]
célibataire (adj)	nieżonaty	[neʒɔ'nati]
célibataire (m)	kawaler (m)	[ka'valer]
divorcé (adj)	rozwiedziony	[rɔzve'dʒɛni]
veuve (f)	wdowa (f)	['vdɔva]
veuf (m)	wdowiec (m)	['vdɔveʦ]
parent (m)	krewny (m)	['krɛvni]
parent (m) proche	bliski krewny (m)	['bliski 'krɛvni]
parent (m) éloigné	daleki krewny (m)	[da'leki 'krɛvni]
parents (m pl)	rodzina (f)	[rɔ'dʒina]
orphelin (m), orpheline (f)	sierota (f)	[ɕe'rɔta]
tuteur (m)	opiekun (m)	[ɔ'pekun]
adopter (un garçon)	zaadoptować	[za:dɔp'tɔvaʧ]
adopter (une fille)	zaadoptować	[za:dɔp'tɔvaʧ]

60. Les amis. Les collègues

ami (m)	przyjaciel (m)	[pʃi'jatʃɛʎ]
amie (f)	przyjaciółka (f)	[pʃija'tʃuwka]
amitié (f)	przyjaźń (f)	['pʃijaʑɲ]
être ami	przyjaźnić się	[pʃi'jaʑniʧ ɕɛ̃]
copain (m)	kumpel (m)	['kumpɛʎ]
copine (f)	kumpela (f)	[kum'pɛʎa]
partenaire (m)	partner (m)	['partnɛr]
chef (m)	szef (m)	[ʃɛf]
supérieur (m)	kierownik (m)	[ke'rɔvnik]
subordonné (m)	podwładny (m)	[pɔdv'wadni]
collègue (m, f)	koleżanka (f)	[kɔle'ʒaŋka]
connaissance (f)	znajomy (m)	[zna'ʒɔmi]
compagnon (m) de route	towarzysz (m) podróży	[tɔ'vaʒiʃ pɔd'ruʒi]

copain (m) de classe	**kolega** (m) **z klasy**	[kɔ'lega s 'kʎasɪ]
voisin (m)	**sąsiad** (m)	['sɔ̃ɕat]
voisine (f)	**sąsiadka** (f)	[sɔ̃'ɕatka]
voisins (m pl)	**sąsiedzi** (pl)	[sɔ̃'ɕedʑi]

LE CORPS HUMAIN. LES MÉDICAMENTS

61. La tête

tête (f)	głowa (f)	['gwɔva]
visage (m)	twarz (f)	[tfaʃ]
nez (m)	nos (m)	[nɔs]
bouche (f)	usta (pl)	['usta]
œil (m)	oko (n)	['ɔkɔ]
les yeux	oczy (pl)	['ɔtʃɨ]
pupille (f)	źrenica (f)	[ʑ're'nitsa]
sourcil (m)	brew (f)	[brɛf]
cil (m)	rzęsy (pl)	['ʒɛnsɨ]
paupière (f)	powieka (f)	[pɔ'veka]
langue (f)	język (m)	['enzɨk]
dent (f)	ząb (m)	[zõmp]
lèvres (f pl)	wargi (pl)	['vargi]
pommettes (f pl)	kości (pl) policzkowe	['kɔɕtʃi politʃ'kɔvɛ]
gencive (f)	dziąsło (n)	[dʒõswɔ]
palais (m)	podniebienie (n)	[pɔdne'bene]
narines (f pl)	nozdrza (pl)	['nɔzdʒa]
menton (m)	podbródek (m)	[pɔdb'rudek]
mâchoire (f)	szczęka (f)	['ʃtʃɛŋka]
joue (f)	policzek (m)	[pɔ'litʃɛk]
front (m)	czoło (n)	['tʃɔwɔ]
tempe (f)	skroń (f)	[skrɔɲ]
oreille (f)	ucho (n)	['uhɔ]
nuque (f)	potylica (f)	[pɔtɨ'litsa]
cou (m)	szyja (f)	['ʃɨja]
gorge (f)	gardło (n)	['gardwɔ]
cheveux (m pl)	włosy (pl)	['vwɔsɨ]
coiffure (f)	fryzura (f)	[frɨ'zura]
coupe (f)	uczesanie (n)	[utʃɛ'sane]
perruque (f)	peruka (f)	[pɛ'ruka]
moustache (f)	wąsy (pl)	['võsɨ]
barbe (f)	broda (f)	['brɔda]
porter (~ la barbe)	nosić	['nɔɕitʃ]
tresse (f)	warkocz (m)	['varkɔtʃ]
favoris (m pl)	baczki (pl)	['batʃki]
roux (adj)	rudy	['rudɨ]
gris, grisonnant (adj)	siwy	['ɕivɨ]
chauve (adj)	łysy	['wɨsɨ]
calvitie (f)	łysina (f)	[wɨ'ɕina]

| queue (f) de cheval | koński ogon (m) | ['kɔɲski 'ɔgɔn] |
| frange (f) | grzywka (f) | ['gʒɪfka] |

62. Le corps humain

| main (f) | dłoń (f) | [dwɔɲ] |
| bras (m) | ręka (f) | ['rɛŋka] |

doigt (m)	palec (m)	['palɛts]
pouce (m)	kciuk (m)	['ktʃuk]
petit doigt (m)	mały palec (m)	['mawɪ 'palɛts]
ongle (m)	paznokieć (m)	[paz'nɔketʃ]

poing (m)	pięść (f)	[pɛ̃ɕtʃ]
paume (f)	dłoń (f)	[dwɔɲ]
poignet (m)	nadgarstek (m)	[nad'garstɛk]
avant-bras (m)	przedramię (n)	[pʃɛd'ramɛ̃]
coude (m)	łokieć (n)	['wɔketʃ]
épaule (f)	ramię (n)	['ramɛ̃]

jambe (f)	noga (f)	['nɔga]
pied (m)	stopa (f)	['stɔpa]
genou (m)	kolano (n)	[kɔ'ʎanɔ]
mollet (m)	łydka (f)	['wɪtka]
hanche (f)	biodro (n)	['bɜdrɔ]
talon (m)	pięta (f)	['penta]

corps (m)	ciało (n)	['tʃawɔ]
ventre (m)	brzuch (m)	[bʒuh]
poitrine (f)	pierś (f)	[perɕ]
sein (m)	piersi (pl)	['perɕi]
côté (m)	bok (m)	[bɔk]
dos (m)	plecy (pl)	['pletsɪ]
reins (m pl)	krzyż (m)	[kʃɪʃ]
taille (f) (~ de guêpe)	talia (f)	['taʎja]

nombril (m)	pępek (m)	['pɛ̃pɛk]
fesses (f pl)	pośladki (pl)	[pɔɕ'ʎatki]
derrière (m)	tyłek (m)	['tɪwɛk]

grain (m) de beauté	pieprzyk (m)	['pepʃɪk]
tache (f) de vin	znamię (n)	['znamɛ̃]
tatouage (m)	tatuaż (m)	[ta'tuaʃ]
cicatrice (f)	blizna (f)	['blizna]

63. Les maladies

maladie (f)	choroba (f)	[hɔ'rɔba]
être malade	chorować	[hɔ'rɔvatʃ]
santé (f)	zdrowie (n)	['zdrɔve]
rhume (m) (coryza)	katar (m)	['katar]
angine (f)	angina (f)	[aɲina]

refroidissement (m)	**przeziębienie** (n)	[pʃɛʒɛ̃'bene]
prendre froid	**przeziębić się**	[pʃɛ'ʒembitʃ ɕɛ̃]
bronchite (f)	**zapalenie** (n) **oskrzeli**	[zapa'lɛne ɔsk'ʃɛli]
pneumonie (f)	**zapalenie** (n) **płuc**	[zapa'lɛne pwuts]
grippe (f)	**grypa** (f)	['grɪpa]
myope (adj)	**krótkowzroczny**	[krutkɔvz'rɔtʃnɪ]
presbyte (adj)	**dalekowzroczny**	[dalekɔvz'rɔtʃnɪ]
strabisme (m)	**zez** (m)	[zɛs]
strabique (adj)	**zezowaty**	[zɛzɔ'vatɪ]
cataracte (f)	**katarakta** (f)	[kata'rakta]
glaucome (m)	**jaskra** (f)	['jaskra]
insulte (f)	**wylew** (m)	['vɪlef]
crise (f) cardiaque	**zawał** (m)	['zavaw]
infarctus (m) de myocarde	**zawał** (m) **mięśnia sercowego**	['zavaw 'mɛ̃ɕɲa sɛrtsɔ'vɛgɔ]
paralysie (f)	**paraliż** (m)	[pa'raliʃ]
paralyser (vt)	**sparaliżować**	[sparali'ʒɔvatʃ]
allergie (f)	**alergia** (f)	[a'lergʰja]
asthme (m)	**astma** (f)	['astma]
diabète (m)	**cukrzyca** (f)	[tsuk'ʃɪtsa]
mal (m) de dents	**ból** (m) **zęba**	[buʎ 'zɛ̃ba]
carie (f)	**próchnica** (f)	[pruh'nitsa]
diarrhée (f)	**rozwolnienie** (n)	[rɔzvɔʎ'nene]
constipation (f)	**zaparcie** (n)	[za'partʃe]
estomac (m) barbouillé	**rozstrój** (m) **żołądka**	['rɔsstruj ʒɔ'wɔ̃tka]
intoxication (f) alimentaire	**zatrucie** (n) **pokarmowe**	[zat'rutʃe pokar'mɔvɛ]
être intoxiqué	**zatruć się**	['zatrutʃ ɕɛ̃]
arthrite (f)	**artretyzm** (m)	[art'rɛtɪzm]
rachitisme (m)	**krzywica** (f)	[kʃɪ'vitsa]
rhumatisme (m)	**reumatyzm** (m)	[rɛu'matɪzm]
athérosclérose (f)	**miażdżyca** (f)	[mʲaʒ'dʒɪtsa]
gastrite (f)	**nieżyt** (m) **żołądka**	['neʒɪt ʒɔ'wɔ̃tka]
appendicite (f)	**zapalenie** (n) **wyrostka robaczkowego**	[zapa'lene vɪ'rɔstka robatʃkɔ'vɛgɔ]
ulcère (m)	**wrzód** (m)	[vʒut]
rougeole (f)	**odra** (f)	['ɔdra]
rubéole (f)	**różyczka** (f)	[ru'ʒɪtʃka]
jaunisse (f)	**żółtaczka** (f)	[ʒuw'tatʃka]
hépatite (f)	**zapalenie** (n) **wątroby**	[zapa'lene vɔ̃t'rɔbɪ]
schizophrénie (f)	**schizofrenia** (f)	[shizɔf'rɛnʰja]
rage (f) (hydrophobie)	**wścieklizna** (f)	[vɕtʃek'lizna]
névrose (f)	**nerwica** (f)	[nɛr'vitsa]
commotion (f) cérébrale	**wstrząs** (m) **mózgu**	[fstʃɔ̃s 'muzgu]
cancer (m)	**rak** (m)	[rak]
sclérose (f)	**stwardnienie** (n)	[stvard'nenie]

sclérose (f) en plaques	stwardnienie (n) rozsiane	[stfard'nene rɔz'ɕanɛ]
alcoolisme (m)	alkoholizm (m)	[aʎkɔ'hɔlizm]
alcoolique (m)	alkoholik (m)	[aʎkɔ'hɔlik]
syphilis (f)	syfilis (m)	[sɪ'filis]
SIDA (m)	AIDS (m)	[ɛjts]

tumeur (f)	nowotwór (m)	[nɔ'vɔtfur]
maligne (adj)	złośliwa	[zwɔɕ'liva]
bénigne (adj)	niezłośliwa	[nezwɔɕ'liva]

fièvre (f)	febra (f)	['fɛbra]
malaria (f)	malaria (f)	[ma'ʎarʰja]
gangrène (f)	gangrena (f)	[gan'rɛna]
mal (m) de mer	choroba (f) morska	[hɔ'rɔba 'mɔrska]
épilepsie (f)	padaczka (f)	[pa'datʃka]

épidémie (f)	epidemia (f)	[ɛpi'dɛmʰja]
typhus (m)	tyfus (m)	['tɪfus]
tuberculose (f)	gruźlica (f)	[gruʑ'litsa]
choléra (m)	cholera (f)	[hɔ'lera]
peste (f)	dżuma (f)	['dʒuma]

64. Les symptômes. Le traitement. Partie 1

symptôme (m)	objaw (m)	['ɔbʰjaf]
température (f)	temperatura (f)	[tɛmpɛra'tura]
fièvre (f)	gorączka (f)	[gɔ'rõtʃka]
pouls (m)	puls (m)	[puʎs]

vertige (m)	zawrót (m) głowy	['zavrut 'gwɔvɪ]
chaud (adj)	gorący	[gɔ'rõtsɪ]
frisson (m)	dreszcz (m)	['drɛʃtʃ]
pâle (adj)	blady	['bʎadɪ]

toux (f)	kaszel (m)	['kaʃɛʎ]
tousser (vi)	kaszleć	['kaʃletʃ]
éternuer (vi)	kichać	['kihatʃ]
évanouissement (m)	omdlenie (n)	[ɔmd'lene]
s'évanouir (vp)	zemdleć	['zɛmdletʃ]

bleu (m)	siniak (m)	['ɕiɲak]
bosse (f)	guz (m)	[gus]
se heurter (vp)	uderzyć się	[u'dɛʒɪtʃ ɕɛ̃]
meurtrissure (f)	stłuczenie (n)	[stwut'ʃɛne]
se faire mal	potłuc się	['pɔtwuts ɕɛ̃]

boiter (vi)	kuleć	['kuletʃ]
foulure (f)	zwichnięcie (n)	[zvih'nɛ̃tʃe]
se démettre (l'épaule, etc.)	zwichnąć	['zvihnõtʃ]
fracture (f)	złamanie (n)	[zwa'mane]
avoir une fracture	otrzymać złamanie	[ɔt'ʃimatʃ zwa'mane]

| coupure (f) | skaleczenie (n) | [skalet'ʃɛne] |
| se couper (~ le doigt) | skaleczyć się | [ska'letʃitʃ ɕɛ̃] |

hémorragie (f)	krwotok (m)	['krfɔtɔk]
brûlure (f)	oparzenie (n)	[ɔpa'ʒɛne]
se brûler (vp)	poparzyć się	[pɔ'paʒɪtʃ ɕɛ̃]

se piquer (le doigt)	ukłuć	['ukwutʃ]
se piquer (vp)	ukłuć się	['ukwutʃ ɕɛ̃]
blesser (vt)	uszkodzić	[uʃ'kɔdʒitʃ]
blessure (f)	uszkodzenie (n)	[uʃkɔ'dzene]
plaie (f) (blessure)	rana (f)	['rana]
trauma (m)	uraz (m)	['uras]

délirer (vi)	bredzić	['brɛdʒitʃ]
bégayer (vi)	jąkać się	[ɔ̃katʃ ɕɛ̃]
insolation (f)	udar (m) słoneczny	['udar swɔ'nɛtʃnɪ]

65. Les symptômes. Le traitement. Partie 2

| douleur (f) | ból (m) | [buʎ] |
| écharde (f) | drzazga (f) | ['dʒazga] |

sueur (f)	pot (m)	[pɔt]
suer (vi)	pocić się	['pɔtɕitʃ ɕɛ̃]
vomissement (m)	wymiotowanie (n)	[vɪmɔtɔ'vane]
spasmes (m pl)	drgawki (pl)	['drgavki]

enceinte (adj)	ciężarna (f)	[tʃɛ̃'ʒarna]
naître (vi)	urodzić się	[u'rɔdʒitʃ ɕɛ̃]
accouchement (m)	poród (m)	['pɔrut]
accoucher (vi)	rodzić	['rɔdʒitʃ]
avortement (m)	aborcja (f)	[a'bɔrtsʰja]

respiration (f)	oddech (m)	['ɔddɛh]
inhalation (f)	wdech (m)	[vdɛh]
expiration (f)	wydech (m)	['vɪdɛh]
expirer (vi)	zrobić wydech	['zrɔbitʃ 'vɪdɛh]
inspirer (vi)	zrobić wdech	['zrɔbitʃ vdɛh]

invalide (m)	niepełnosprawny (m)	[nepɛwnɔsp'ravnɪ]
handicapé (m)	kaleka (m, f)	[ka'leka]
drogué (m)	narkoman (m)	[nar'kɔman]

sourd (adj)	niesłyszący, głuchy	[neswɪ'ʃɔ̃tsɪ], ['gwuhɪ]
muet (adj)	niemy	['nemɪ]
sourd-muet (adj)	głuchoniemy	[gwuhɔ'nemɪ]

fou (adj)	zwariowany	[zvarʰɔ'vanɪ]
fou (m)	wariat (m)	['varʰjat]
folle (f)	wariatka (f)	[varʰjatka]
devenir fou	stracić rozum	['stratʃitʃ rɔzum]

gène (m)	gen (m)	[gɛn]
immunité (f)	odporność (f)	[ɔt'pɔrnɔɕtʃ]
héréditaire (adj)	dziedziczny	[dʒe'dʒitʃnɪ]
congénital (adj)	wrodzony	[vrɔ'dzɔnɪ]

virus (m)	wirus (m)	['virus]
microbe (m)	mikrob (m)	['mikrɔb]
bactérie (f)	bakteria (f)	[bak'tɛrʲja]
infection (f)	infekcja (f)	[in'fɛktsʲja]

66. Les symptômes. Le traitement. Partie 3

| hôpital (m) | szpital (m) | ['ʃpitaʎ] |
| patient (m) | pacjent (m) | ['patsʲent] |

diagnostic (m)	diagnoza (f)	[dʲjag'nɔza]
cure (f) (faire une ~)	leczenie (n)	[let'ʃɛne]
traitement (m)	leczenie (n)	[let'ʃɛne]
se faire soigner	leczyć się	['letʃitʃ ɕɛ̃]
traiter (un patient)	leczyć	['letʃitʃ]
soigner (un malade)	opiekować się	[ɔpe'kɔvatʃ ɕɛ̃]
soins (m pl)	opieka (f)	[ɔ'peka]

opération (f)	operacja (f)	[ɔpɛ'ratsʲja]
panser (vt)	opatrzyć	[ɔ'patʃitʃ]
pansement (m)	opatrunek (m)	[ɔpat'runɛk]

vaccination (f)	szczepionka (m)	[ʃtʃɛ'pɔŋka]
vacciner (vt)	szczepić	['ʃtʃɛpitʃ]
piqûre (f)	zastrzyk (m)	['zastʃik]
faire une piqûre	robić zastrzyk	['rɔbitʃ 'zastʃik]

amputation (f)	amputacja (f)	[ampu'tatsʲja]
amputer (vt)	amputować	[ampu'tɔvatʃ]
coma (m)	śpiączka (f)	[ɕpɔ̃tʃka]
être dans le coma	być w śpiączce	[bitʃ f ɕpɔ̃tʃse]
réanimation (f)	reanimacja (f)	[rɛani'matsʲja]

se rétablir (vp)	wracać do zdrowia	['vratsatʃ dɔ 'zdrɔvʲa]
état (m) (de santé)	stan (m)	[stan]
conscience (f)	przytomność (f)	[pʃi'tɔmnɔɕtʃ]
mémoire (f)	pamięć (f)	['pamɛ̃tʃ]

arracher (une dent)	usuwać	[u'suvatʃ]
plombage (m)	plomba (f)	['plɔmba]
plomber (vt)	plombować	[plɔm'bɔvatʃ]

| hypnose (f) | hipnoza (f) | [hip'nɔza] |
| hypnotiser (vt) | hipnotyzować | [hipnɔtɪ'zɔvatʃ] |

67. Les médicaments. Les accessoires

médicament (m)	lekarstwo (n)	[le'karstfɔ]
remède (m)	środek (m)	['ɕrɔdɛk]
prescrire (vt)	zapisać	[za'pisatʃ]
ordonnance (f)	recepta (f)	[rɛ'tsɛpta]
comprimé (m)	tabletka (f)	[tab'letka]

onguent (m)	maść (f)	[maɕtʃ]
ampoule (f)	ampułka (f)	[am'puwka]
mixture (f)	mikstura (f)	[miks'tura]
sirop (m)	syrop (m)	['sɪrɔp]
pilule (f)	pigułka (f)	[pi'guwka]
poudre (f)	proszek (m)	['prɔʃɛk]
bande (f)	bandaż (m)	['bandaʃ]
coton (m) (ouate)	wata (f)	['vata]
iode (m)	jodyna (f)	[ʒ'dɪna]
sparadrap (m)	plaster (m)	['pʎaster]
compte-gouttes (m)	zakraplacz (m)	[zak'rapʎatʃ]
thermomètre (m)	termometr (m)	[tɛr'mɔmɛtr]
seringue (f)	strzykawka (f)	[stʃɪ'kafka]
fauteuil (m) roulant	wózek (m) inwalidzki	['vɔzɛk inva'lidzki]
béquilles (f pl)	kule (pl)	['kule]
anesthésique (m)	środek (m) przeciwbólowy	['ɕrɔdɛk pʃɛtʃifbɔ'lɔvɪ]
purgatif (m)	środek (m) przeczyszczający	['ɕrɔdɛk pʃɛtʃɪʃtʃaɔ̃tsɪ]
alcool (m)	spirytus (m)	[spi'rɪtus]
herbe (f) médicinale	zioła (pl) lecznicze	[ʒi'ɔla lɛtʃ'nitʃɛ]
d'herbes (adj)	ziołowy	[ʒʒ'wɔvɪ]

L'APPARTEMENT

68. L'appartement

appartement (m)	mieszkanie (n)	[meʃˈkane]
chambre (f)	pokój (m)	[ˈpɔkuj]
chambre (f) à coucher	sypialnia (f)	[sɪˈpʲaʎɲa]
salle (f) à manger	jadalnia (f)	[jaˈdaʎɲa]
salon (m)	salon (m)	[ˈsalɜn]
bureau (m)	gabinet (m)	[gaˈbinɛt]
antichambre (f)	przedpokój (m)	[pʃɛtˈpɔkuj]
salle (f) de bains	łazienka (f)	[waˈʒeŋka]
toilettes (f pl)	toaleta (f)	[tɔaˈleta]
plafond (m)	sufit (m)	[ˈsufit]
plancher (m)	podłoga (f)	[pɔdˈwɔga]
coin (m)	kąt (m)	[kɔ̃t]

69. Les meubles. L'intérieur

meubles (m pl)	meble (pl)	[ˈmɛble]
table (f)	stół (m)	[stɔw]
chaise (f)	krzesło (n)	[ˈkʃɛswɔ]
lit (m)	łóżko (n)	[ˈwuʃkɔ]
canapé (m)	kanapa (f)	[kaˈnapa]
fauteuil (m)	fotel (m)	[ˈfɔtɛʎ]
bibliothèque (f) (meuble)	biblioteczka (f)	[bibʎɔˈtɛtʃka]
rayon (m)	półka (f)	[ˈpuwka]
étagère (f)	etażerka (f)	[ɛtaˈʒɛrka]
armoire (f)	szafa (f) ubraniowa	[ˈʃafa ubraˈnɜva]
patère (f)	wieszak (m)	[ˈveʃak]
portemanteau (m)	wieszak (m)	[ˈveʃak]
commode (f)	komoda (f)	[kɔˈmɔda]
table (f) basse	stolik (m) kawowy	[ˈstɔlik kaˈvɔvɪ]
miroir (m)	lustro (n)	[ˈlystrɔ]
tapis (m)	dywan (m)	[ˈdɪvan]
petit tapis (m)	dywanik (m)	[dɪˈvanik]
cheminée (f)	kominek (m)	[kɔˈminɛk]
bougie (f)	świeca (f)	[ˈɕfetsa]
chandelier (m)	świecznik (m)	[ˈɕfetʃnik]
rideaux (m pl)	zasłony (pl)	[zasˈwɔnɪ]
papier (m) peint	tapety (pl)	[taˈpɛtɪ]

jalousie (f)	żaluzje (pl)	[ʒa'lyzʰe]
lampe (f) de table	lampka (f) na stół	['ʎampka na stɔw]
applique (f)	lampka (f)	['ʎampka]
lampadaire (m)	lampa (f) stojąca	['ʎampa stɔ:tsa]
lustre (m)	żyrandol (m)	[ʒɪ'randɔʎ]
pied (m) (~ de la table)	noga (f)	['nɔga]
accoudoir (m)	poręcz (f)	['pɔrɛ̃tʃ]
dossier (m)	oparcie (n)	[ɔ'partʃe]
tiroir (m)	szuflada (f)	[ʃuf'ʎada]

70. La literie

linge (m) de lit	pościel (f)	['pɔɕtʃeʎ]
oreiller (m)	poduszka (f)	[pɔ'duʃka]
taie (f) d'oreiller	poszewka (f)	[pɔ'ʃɛfka]
couverture (f)	kołdra (f)	['kɔwdra]
drap (m)	prześcieradło (n)	[pʃɛɕtʃe'radwɔ]
couvre-lit (m)	narzuta (f)	[na'ʒuta]

71. La cuisine

cuisine (f)	kuchnia (f)	['kuhɲa]
gaz (m)	gaz (m)	[gas]
cuisinière (f) à gaz	kuchenka (f) gazowa	[ku'hɛŋka ga'zɔva]
cuisinière (f) électrique	kuchenka (f) elektryczna	[ku'hɛŋka ɛlekt'rɪtʃna]
four (m)	piekarnik (m)	[pe'karnik]
four (m) micro-ondes	mikrofalówka (f)	[mikrɔfa'lyfka]
réfrigérateur (m)	lodówka (f)	[lɔ'dufka]
congélateur (m)	zamrażarka (f)	[zamra'ʒarka]
lave-vaisselle (m)	zmywarka (f) do naczyń	[zmɪ'varka dɔ 'natʃɪɲ]
hachoir (m) à viande	maszynka (f) do mięsa	[ma'ʃɪŋka dɔ 'mensa]
centrifugeuse (f)	sokowirówka (f)	[sɔkɔvi'rufka]
grille-pain (m)	toster (m)	['tɔstɛr]
batteur (m)	mikser (m)	['miksɛr]
machine (f) à café	ekspres (m) do kawy	['ɛk sprɛs dɔ 'kavɪ]
cafetière (f)	dzbanek (m) do kawy	['dzbanɛk dɔ 'kavɪ]
moulin (m) à café	młynek (m) do kawy	['mwɪnɛk dɔ 'kavɪ]
bouilloire (f)	czajnik (m)	['tʃajnik]
théière (f)	czajniczek (m)	[tʃaj'nitʃɛk]
couvercle (m)	pokrywka (f)	[pɔk'rɪfka]
passoire (f) à thé	sitko (n)	['ɕitkɔ]
cuillère (f)	łyżka (f)	['wɪʃka]
petite cuillère (f)	łyżeczka (f)	[wɪ'ʒɛtʃka]
cuillère (f) à soupe	łyżka (f) stołowa	['wɪʃka stɔ'wɔva]
fourchette (f)	widelec (m)	[vi'dɛlets]
couteau (m)	nóż (m)	[nuʃ]

vaisselle (f)	naczynia (pl)	[nat'ʃɨɲa]
assiette (f)	talerz (m)	['taleʃ]
soucoupe (f)	spodek (m)	['spɔdɛk]

verre (m) à shot	kieliszek (m)	[ke'liʃɛk]
verre (m) (~ d'eau)	szklanka (f)	['ʃklaŋka]
tasse (f)	filiżanka (f)	[fili'ʒaŋka]

sucrier (m)	cukiernica (f)	[tsuker'nitsa]
salière (f)	solniczka (f)	[sɔʎ'nitʃka]
poivrière (f)	pieprzniczka (f)	[pepʃ'nitʃka]
beurrier (m)	maselniczka (f)	[masɛʎ'nitʃka]

casserole (f)	garnek (m)	['garnɛk]
poêle (f)	patelnia (f)	[pa'tɛʎɲa]
louche (f)	łyżka (f) wazowa	['wɨʃka va'zɔva]
passoire (f)	durszlak (m)	['durʃʎak]
plateau (m)	taca (f)	['tatsa]

bouteille (f)	butelka (f)	[bu'tɛʎka]
bocal (m) (à conserves)	słoik (m)	['swɔik]
boîte (f) en fer-blanc	puszka (f)	['puʃka]

ouvre-bouteille (m)	otwieracz (m) do butelek	[ɔt'feratʃ dɛ bu'tɛlek]
ouvre-boîte (m)	otwieracz (m) do puszek	[ɔt'feratʃ dɛ 'puʃɛk]
tire-bouchon (m)	korkociąg (m)	[kɔr'kɔtʃɔ̃k]
filtre (m)	filtr (m)	[fiʎtr]
filtrer (vt)	filtrować	[fiʎt'rɔvatʃ]

| ordures (f pl) | odpadki (pl) | [ɔt'patki] |
| poubelle (f) | kosz (m) na śmieci | [kɔʃ na 'ɕmetʃi] |

72. La salle de bains

salle (f) de bains	łazienka (f)	[wa'ʒeŋka]
eau (f)	woda (f)	['vɔda]
robinet (m)	kran (m)	[kran]
eau (f) chaude	gorąca woda (f)	[gɔ'rɔ̃tsa 'vɔda]
eau (f) froide	zimna woda (f)	['ʒimna 'vɔda]

| dentifrice (m) | pasta (f) do zębów | ['pasta dɔ 'zɛ̃buf] |
| se brosser les dents | myć zęby | [mɨtʃ 'zɛ̃bɨ] |

se raser (vp)	golić się	['gɔlitʃ ɕɛ̃]
mousse (f) à raser	pianka (f) do golenia	['pʲaŋka dɔ gɔ'leɲa]
rasoir (m)	maszynka (f) do golenia	[ma'ʃɨŋka dɔ gɔ'leɲa]

laver (vt)	myć	[mɨtʃ]
se laver (vp)	myć się	['mɨtʃ ɕɛ̃]
douche (f)	prysznic (m)	['prɨʃnits]
prendre une douche	brać prysznic	[bratʃ 'prɨʃnits]

| baignoire (f) | wanna (f) | ['vaŋa] |
| cuvette (f) | sedes (m) | ['sɛdɛs] |

lavabo (m)	zlew (m)	[zlef]
savon (m)	mydło (n)	['mɪdwɔ]
porte-savon (m)	mydelniczka (f)	[mɪdɛʎ'nitʃka]

éponge (f)	gąbka (f)	['gɔ̃pka]
shampooing (m)	szampon (m)	['ʃampɔn]
serviette (f)	ręcznik (m)	['rɛntʃnik]
peignoir (m) de bain	szlafrok (m)	['ʃʎafrɔk]

lessive (f) (faire la ~)	pranie (n)	['prane]
machine (f) à laver	pralka (f)	['praʎka]
faire la lessive	prać	[pratʃ]
lessive (f) (poudre)	proszek (m) do prania	['prɔʃɛk dɔ 'praɲa]

73. Les appareils électroménagers

téléviseur (m)	telewizor (m)	[tɛle'vizɔr]
magnétophone (m)	magnetofon (m)	[magnɛ'tɔfɔn]
magnétoscope (m)	magnetowid (m)	[magnɛ'tɔvid]
radio (f)	odbiornik (m)	[ɔd'bɜrnik]
lecteur (m)	odtwarzacz (m)	[ɔtt'vaʒatʃ]

vidéoprojecteur (m)	projektor (m) wideo	[prɔ'ektɔr vi'dɛɔ]
home cinéma (m)	kino (n) domowe	['kinɔ dɔ'mɔvɛ]
lecteur DVD (m)	odtwarzacz DVD (m)	[ɔtt'vaʒatʃ di vi di]
amplificateur (m)	wzmacniacz (m)	['vzmatʂɲatʃ]
console (f) de jeux	konsola (f) do gier	[kɔn'sɔʎa dɔ ger]

caméscope (m)	kamera (f) wideo	[ka'mɛra vi'dɛɔ]
appareil (m) photo	aparat (m) fotograficzny	[a'parat fɔtɔgra'fitʃnɪ]
appareil (m) photo numérique	aparat (m) cyfrowy	[a'parat tsɪf'rɔvɪ]

aspirateur (m)	odkurzacz (m)	[ɔt'kuʒatʃ]
fer (m) à repasser	żelazko (n)	[ʒɛ'ʎaskɔ]
planche (f) à repasser	deska (f) do prasowania	['dɛska dɔ prasɔ'vaɲa]

téléphone (m)	telefon (m)	[tɛ'lefɔn]
portable (m)	telefon (m) komórkowy	[tɛ'lefɔn kɔmur'kɔvɪ]
machine (f) à écrire	maszyna (f) do pisania	[ma'ʃina dɔ pi'saɲa]
machine (f) à coudre	maszyna (f) do szycia	[ma'ʃina dɔ 'ʃitʃa]

micro (m)	mikrofon (m)	[mik'rɔfɔn]
écouteurs (m pl)	słuchawki (pl)	[swu'hafki]
télécommande (f)	pilot (m)	['pilɔt]

CD (m)	płyta CD (f)	['pwɪta si'di]
cassette (f)	kaseta (f)	[ka'sɛta]
disque (m) (vinyle)	płyta (f)	['pwɪta]

LA TERRE. LE TEMPS

74. L'espace cosmique

cosmos (m)	kosmos (m)	['kɔsmɔs]
cosmique (adj)	kosmiczny	[kɔs'mitʃnɪ]
espace (m) cosmique	przestrzeń (f) kosmiczna	['pʃɛstʃɛɲ kɔs'mitʃna]
monde (m)	świat (m)	[ɕfʲat]
univers (m)	wszechświat (m)	['fʃɛhɕfʲat]
galaxie (f)	galaktyka (f)	[ga'ʎaktɪka]

étoile (f)	gwiazda (f)	['gvʲazda]
constellation (f)	gwiazdozbiór (m)	[gvʲaz'dɔzbyr]
planète (f)	planeta (f)	[pʎa'nɛta]
satellite (m)	satelita (m)	[satɛ'lita]

météorite (m)	meteoryt (m)	[mɛtɛ'ɔrɪt]
comète (f)	kometa (f)	[kɔ'mɛta]
astéroïde (m)	asteroida (f)	[astɛrɔ'ida]

orbite (f)	orbita (f)	[ɔr'bita]
tourner (vi)	obracać się	[ɔb'ratsatʃ ɕɛ̃]
atmosphère (f)	atmosfera (f)	[atmɔs'fɛra]

Soleil (m)	Słońce (n)	['swɔɲtsɛ]
système (m) solaire	Układ (m) Słoneczny	['ukwad swɔ'nɛtʃnɪ]
éclipse (f) de soleil	zaćmienie (n) słońca	[zatʃ'mene 'swɔɲtsa]

Terre (f)	Ziemia (f)	['ʒemʲa]
Lune (f)	Księżyc (m)	['kɕenʒɪts]

Mars (m)	Mars (m)	[mars]
Vénus (f)	Wenus (f)	['vɛnus]
Jupiter (m)	Jowisz (m)	[ʒviʃ]
Saturne (m)	Saturn (m)	['saturn]

Mercure (m)	Merkury (m)	[mɛr'kurɪ]
Uranus (m)	Uran (m)	['uran]
Neptune	Neptun (m)	['nɛptun]
Pluton (m)	Pluton (m)	['plytɔn]

la Voie Lactée	Droga (f) Mleczna	['drɔga 'mletʃna]
la Grande Ours	Wielki Wóz (m)	['veʎki vus]
la Polaire	Gwiazda (f) Polarna	['gvʲazda pɔ'ʎarna]

martien (m)	Marsjanin (m)	[marsʰʲjanin]
extraterrestre (m)	kosmita (m)	[kɔs'mita]
alien (m)	obcy (m)	['ɔbtsɪ]
soucoupe (f) volante	talerz (m) latający	['talɛʃ ʎataõtsɪ]
vaisseau (m) spatial	statek (m) kosmiczny	['statɛk kɔs'mitʃnɪ]

station (f) orbitale	**stacja** (f) **kosmiczna**	[ˈstatsʲja kɔsˈmitʃna]
lancement (m)	**start** (m)	[start]
moteur (m)	**silnik** (m)	[ˈɕiʎnik]
tuyère (f)	**dysza** (f)	[ˈdɨʃa]
carburant (m)	**paliwo** (n)	[paˈlivɔ]
cabine (f)	**kabina** (f)	[kaˈbina]
antenne (f)	**antena** (f)	[anˈtɛna]
hublot (m)	**iluminator** (m)	[ilymiˈnatɔr]
batterie (f) solaire	**bateria** (f) **słoneczna**	[baˈtɛrʲja swɔˈnɛtʃna]
scaphandre (m)	**skafander** (m)	[skaˈfandɛr]
apesanteur (f)	**nieważkość** (f)	[neˈvaʃkɔɕtʃ]
oxygène (m)	**tlen** (m)	[tlen]
arrimage (m)	**połączenie** (n)	[pɔwɔ̃tʃˈɛne]
s'arrimer à …	**łączyć się**	[ˈwɔ̃tʃitʃ ɕɛ̃]
observatoire (m)	**obserwatorium** (n)	[ɔbsɛrvaˈtorʲjum]
télescope (m)	**teleskop** (m)	[tɛˈleskɔp]
observer (vt)	**obserwować**	[ɔbsɛrˈvɔvatʃ]
explorer (un cosmos)	**badać**	[ˈbadatʃ]

75. La Terre

Terre (f)	**Ziemia** (f)	[ˈʒemʲa]
globe (m) terrestre	**kula** (f) **ziemska**	[ˈkuʎa ʒemska]
planète (f)	**planeta** (f)	[pʎaˈnɛta]
atmosphère (f)	**atmosfera** (f)	[atmɔsˈfɛra]
géographie (f)	**geografia** (f)	[gɛɔgˈrafʲja]
nature (f)	**przyroda** (f)	[pʃɨˈrɔda]
globe (m) de table	**globus** (m)	[ˈglɔbus]
carte (f)	**mapa** (f)	[ˈmapa]
atlas (m)	**atlas** (m)	[ˈatʎas]
Europe (f)	**Europa** (f)	[ɛuˈrɔpa]
Asie (f)	**Azja** (f)	[ˈazʲja]
Afrique (f)	**Afryka** (f)	[ˈafrɨka]
Australie (f)	**Australia** (f)	[austˈraʎja]
Amérique (f)	**Ameryka** (f)	[aˈmɛrɨka]
Amérique (f) du Nord	**Ameryka** (f) **Północna**	[aˈmɛrɨka puwˈnɔtsna]
Amérique (f) du Sud	**Ameryka** (f) **Południowa**	[aˈmɛrɨka pɔwudˈnɔva]
l'Antarctique (m)	**Antarktyda** (f)	[antarkˈtɨda]
l'Arctique (m)	**Arktyka** (f)	[ˈarktɨka]

76. Les quatre parties du monde

nord (m)	**północ** (f)	[ˈpuwnɔts]
vers le nord	**na północ**	[na ˈpuwnɔts]

| au nord | na północy | [na puw'nɔʦɨ] |
| du nord (adj) | północny | [puw'nɔʦnɨ] |

sud (m)	południe (n)	[pɔ'wudne]
vers le sud	na południe	[na pɔ'wudne]
au sud	na południu	[na pɔ'wudny]
du sud (adj)	południowy	[pɔwud'nɔvɨ]

ouest (m)	zachód (m)	['zahut]
vers l'occident	na zachód	[na 'zahut]
à l'occident	na zachodzie	[na za'hɔʤe]
occidental (adj)	zachodni	[za'hɔdni]

est (m)	wschód (m)	[fshut]
vers l'orient	na wschód	['na fshut]
à l'orient	na wschodzie	[na 'fshɔʤe]
oriental (adj)	wschodni	['fshɔdni]

77. Les océans et les mers

mer (f)	morze (n)	['mɔʒɛ]
océan (m)	ocean (m)	[ɔ'ʦɛan]
golfe (m)	zatoka (f)	[za'tɔka]
détroit (m)	cieśnina (f)	[ʨeɕ'nina]

terre (f) ferme	ląd (m)	[lɔ̃t]
continent (m)	kontynent (m)	[kɔn'tɨnɛnt]
île (f)	wyspa (f)	['vɨspa]
presqu'île (f)	półwysep (m)	[puw'vɨsɛp]
archipel (m)	archipelag (m)	[arhi'pɛʎak]

baie (f)	zatoka (f)	[za'tɔka]
port (m)	port (m)	[pɔrt]
lagune (f)	laguna (f)	[ʎa'guna]
cap (m)	przylądek (m)	[pʃɨlɔ̃dɛk]

atoll (m)	atol (m)	['atɔʎ]
récif (m)	rafa (f)	['rafa]
corail (m)	koral (m)	['kɔral]
récif (m) de corail	rafa (f) koralowa	['rafa kɔra'lɔva]

profond (adj)	głęboki	[gwɛ̃'bɔki]
profondeur (f)	głębokość (f)	[gwɛ̃'bɔkɔɕʧ]
abîme (m)	otchłań (f)	['ɔthwaɲ]
fosse (f) océanique	rów (m)	[ruf]

| courant (m) | prąd (m) | [prɔ̃t] |
| baigner (vt) (mer) | omywać | [ɔ'mɨvaʧ] |

| littoral (m) | brzeg (m) | [bʒɛk] |
| côte (f) | wybrzeże (n) | [vɨb'ʒɛʒe] |

| marée (f) haute | przypływ (m) | ['pʃɨpwɨf] |
| marée (f) basse | odpływ (m) | ['ɔtpwɨf] |

banc (m) de sable	mielizna (f)	[me'lizna]
fond (m)	dno (n)	[dnɔ]
vague (f)	fala (f)	['faʎa]
crête (f) de la vague	grzywa (f) fali	['gʒɪva 'fali]
mousse (f)	piana (f)	['pʲana]
tempête (f) en mer	burza (f)	['buʒa]
ouragan (m)	huragan (m)	[hu'ragan]
tsunami (m)	tsunami (n)	[ʦu'nami]
calme (m)	cisza (f) morska	['ʧiʃa 'mɔrska]
calme (tranquille)	spokojny	[spɔ'kɔjnɪ]
pôle (m)	biegun (m)	['begun]
polaire (adj)	polarny	[pɔ'ʎarnɪ]
latitude (f)	szerokość (f)	[ʃɛ'rɔkɔɕʧ]
longitude (f)	długość (f)	['dwugɔɕʧ]
parallèle (f)	równoleżnik (m)	[ruvnɔ'leʒnik]
équateur (m)	równik (m)	['ruvnik]
ciel (m)	niebo (n)	['nebɔ]
horizon (m)	horyzont (m)	[hɔ'rɪzɔnt]
air (m)	powietrze (n)	[pɔ'vetʃɛ]
phare (m)	latarnia (f) morska	[ʎa'tarɲa 'mɔrska]
plonger (vi)	nurkować	[nur'kɔvaʧ]
sombrer (vi)	zatonąć	[za'tɔɲʧ]
trésor (m)	skarby (pl)	['skarbɪ]

78. Les noms des mers et des océans

océan (m) Atlantique	Ocean (m) Atlantycki	[ɔ'ʦɛan atlan'tɪtski]
océan (m) Indien	Ocean (m) Indyjski	[ɔ'ʦɛan in'dɪjski]
océan (m) Pacifique	Ocean (m) Spokojny	[ɔ'ʦɛan spɔ'kɔjnɪ]
océan (m) Glacial	Ocean (m) Lodowaty Północny	[ɔ'ʦɛan lɔdɔ'vatɪ puw'nɔtsnɪ]
mer (f) Noire	Morze (n) Czarne	['mɔʒɛ 'tʃarnɛ]
mer (f) Rouge	Morze (n) Czerwone	['mɔʒɛ tʃɛr'vɔnɛ]
mer (f) Jaune	Morze (n) Żółte	['mɔʒɛ 'ʒuwtɛ]
mer (f) Blanche	Morze (n) Białe	['mɔʒɛ 'bʲawɛ]
mer (f) Caspienne	Morze (n) Kaspijskie	['mɔʒɛ kas'pijske]
mer (f) Morte	Morze (n) Martwe	['mɔʒɛ 'martfɛ]
mer (f) Méditerranée	Morze (n) Śródziemne	['mɔʒɛ ɕry'dʑemnɛ]
mer (f) Égée	Morze (n) Egejskie	['mɔʒɛ ɛ'gejske]
mer (f) Adriatique	Morze (n) Adriatyckie	['mɔʒɛ adrʲja'tɪtske]
mer (f) Arabique	Morze (n) Arabskie	['mɔʒɛ a'rabske]
mer (f) du Japon	Morze (n) Japońskie	['mɔʒɛ ja'pɔɲske]
mer (f) de Béring	Morze (n) Beringa	['mɔʒɛ bɛ'riɲa]
mer (f) de Chine Méridionale	Morze (n) Południowochińskie	['mɔʒɛ pɔwudnɔvɔ 'hiɲske]

mer (f) de Corail	Morze (n) Koralowe	['mɔʒɛ kɔra'lɜvɛ]
mer (f) de Tasman	Morze (n) Tasmana	['mɔʒɛ tas'mana]
mer (f) Caraïbe	Morze (n) Karaibskie	['mɔʒɛ kara'ipske]

| mer (f) de Barents | Morze (n) Barentsa | ['mɔʒɛ ba'rɛntsa] |
| mer (f) de Kara | Morze (n) Karskie | ['mɔʒɛ 'karske] |

mer (f) du Nord	Morze (n) Północne	['mɔʒɛ puw'nɔtsnɛ]
mer (f) Baltique	Morze (n) Bałtyckie	['mɔʒɛ baw'tɪtske]
mer (f) de Norvège	Morze (n) Norweskie	['mɔʒɛ nɔr'vɛske]

79. Les montagnes

montagne (f)	góra (f)	['gura]
chaîne (f) de montagnes	łańcuch (m) górski	['waɲtsuh 'gurski]
crête (f)	grzbiet (m) górski	[gʒbet 'gurski]

sommet (m)	szczyt (m)	[ʃtʃɪt]
pic (m)	szczyt (m)	[ʃtʃɪt]
pied (m)	podnóże (n)	[pɔd'nuʒɛ]
pente (f)	zbocze (n)	['zbɔtʃɛ]

volcan (m)	wulkan (m)	['vuʎkan]
volcan (m) actif	czynny (m) wulkan	['tʃɪɲɪ 'vuʎkan]
volcan (m) éteint	wygasły (m) wulkan	[vɪ'gaswɪ 'vuʎkan]

éruption (f)	wybuch (m)	['vɪbuh]
cratère (m)	krater (m)	['kratɛr]
magma (m)	magma (f)	['magma]
lave (f)	lawa (f)	['ʎava]
en fusion (lave ~)	rozżarzony	[rɔzʒa'ʒɔnɪ]

canyon (m)	kanion (m)	['kaɲɔn]
défilé (m) (gorge)	wąwóz (m)	['võvus]
crevasse (f)	rozpadlina (m)	[rɔspad'lina]

col (m) de montagne	przełęcz (f)	['pʃɛwɛ̃tʃ]
plateau (m)	płaskowyż (m)	[pwas'kɔvɪʃ]
rocher (m)	skała (f)	['skawa]
colline (f)	wzgórze (f)	['vzguʒɛ]

glacier (m)	lodowiec (m)	[lɜ'dɔvets]
chute (f) d'eau	wodospad (m)	[vɔ'dɔspat]
geyser (m)	gejzer (m)	['gɛjzɛr]
lac (m)	jezioro (m)	[e'ʒɜrɔ]

plaine (f)	równina (f)	[ruv'nina]
paysage (m)	pejzaż (m)	['pɛjzaʃ]
écho (m)	echo (n)	['ɛhɔ]

alpiniste (m)	alpinista (m)	[aʎpi'nista]
varappeur (m)	wspinacz (m)	['fspinatʃ]
conquérir (vt)	pokonywać	[pɔkɔ'nɪvatʃ]
ascension (f)	wspinaczka (f)	[fspi'natʃka]

80. Les noms des chaînes de montagne

Alpes (f pl)	Alpy (pl)	['aʎpɪ]
Mont Blanc (m)	Mont Blanc (m)	[mɔn blan]
Pyrénées (f pl)	Pireneje (pl)	[pirɛ'nɛe]
Carpates (f pl)	Karpaty (pl)	[kar'patɪ]
Monts Oural (m pl)	Góry Uralskie (pl)	['gurɪ u'raʎske]
Caucase (m)	Kaukaz (m)	['kaukas]
Elbrous (m)	Elbrus (m)	['ɛʎbrus]
Altaï (m)	Ałtaj (m)	['awtaj]
Pamir (m)	Pamir (m)	['pamir]
Himalaya (m)	Himalaje (pl)	[hima'lae]
Everest (m)	Mont Everest (m)	[mɔnt ɛ'vɛrɛst]
Andes (f pl)	Andy (pl)	['andɪ]
Kilimandjaro (m)	Kilimandżaro (f)	[kiliman'dʒarɔ]

81. Les fleuves

rivière (f), fleuve (m)	rzeka (m)	['ʒɛka]
source (f)	źródło (n)	['ʑ'rudwɔ]
lit (m) (d'une rivière)	koryto (n)	[kɔ'rɪtɔ]
bassin (m)	dorzecze (n)	[dɔ'ʒɛtʃɛ]
se jeter dans …	wpadać	['fpadatʃ]
affluent (m)	dopływ (m)	['dɔpwɪf]
rive (f)	brzeg (m)	[bʒɛk]
courant (m)	prąd (m)	[prɔ̃t]
en aval	z prądem	[s 'prɔ̃dɛm]
en amont	pod prąd	[pɔt prɔ̃t]
inondation (f)	powódź (f)	['pɔvutʃ]
les grandes crues	wylew m rzeki	['vɪlef 'ʒɛki]
déborder (vt)	rozlewać się	[rɔz'levatʃ ɕɛ̃]
inonder (vt)	zatapiać	[za'tapʲatʃ]
bas-fond (m)	mielizna (f)	[me'lizna]
rapide (m)	próg (m)	[pruk]
barrage (m)	tama (f)	['tama]
canal (m)	kanał (m)	['kanaw]
lac (m) de barrage	zbiornik (m) wodny	['zbɜrnik 'vɔdnɪ]
écluse (f)	śluza (f)	['ɕlyza]
plan (m) d'eau	zbiornik (m) wodny	['zbɜrnik 'vɔdnɪ]
marais (m)	bagno (n)	['bagnɔ]
fondrière (f)	grzęzawisko (n)	[gʒɛ̃za'viskɔ]
tourbillon (m)	wir (m) wodny	[vir 'vɔdnɪ]
ruisseau (m)	potok (m)	['pɔtɔk]
potable (adj)	pitny	['pitnɪ]

douce (l'eau ~)	słodki	['swɔtki]
glace (f)	lód (m)	[lyt]
être gelé	zamarznąć	[za'marznɔ̃tʃ]

82. Les noms des fleuves

| Seine (f) | Sekwana (f) | [sɛk'fana] |
| Loire (f) | Loara (f) | [lɔ'ara] |

Tamise (f)	Tamiza (f)	[ta'miza]
Rhin (m)	Ren (m)	[rɛn]
Danube (m)	Dunaj (m)	['dunaj]

Volga (f)	Wołga (f)	['vɔwga]
Don (m)	Don (m)	[dɔn]
Lena (f)	Lena (f)	['lena]

Huang He (m)	Huang He (f)	[hu'aŋ hɛ]
Yangzi Jiang (m)	Jangcy (f)	['jaŋtsɪ]
Mékong (m)	Mekong (m)	['mɛkɔŋ]
Gange (m)	Ganges (m)	['gaŋɛs]

Nil (m)	Nil (m)	[niʎ]
Congo (m)	Kongo (f)	['kɔŋɔ]
Okavango (m)	Okawango (f)	[ɔka'vaŋɔ]
Zambèze (m)	Zambezi (f)	[zam'bɛzi]
Limpopo (m)	Limpopo (f)	[lim'pɔpɔ]
Mississippi (m)	Mississipi (f)	[missis'sipi]

83. La forêt

| forêt (f) | las (m) | [ʎas] |
| forestier (adj) | leśny | ['leɕnɪ] |

fourré (m)	gąszcz (f)	[gɔ̃ʃtʃ]
bosquet (m)	gaj (m), lasek (m)	[gaj], ['ʎasɛk]
clairière (f)	polana (f)	[pɔ'ʎana]

| broussailles (f pl) | zarośla (pl) | [za'rɔɕʎa] |
| taillis (m) | krzaki (pl) | ['kʃaki] |

| sentier (m) | ścieżka (f) | ['ɕtʃeʃka] |
| ravin (m) | wąwóz (m) | ['vɔ̃vus] |

arbre (m)	drzewo (n)	['dʒɛvɔ]
feuille (f)	liść (m)	[liɕtʃ]
feuillage (m)	listowie (n)	[lis'tɔve]

chute (f) de feuilles	opadanie (n) liści	[ɔpa'dane 'liɕtʃi]
tomber (feuilles)	opadać	[ɔ'padatʃ]
sommet (m)	wierzchołek (m)	[veʃ'hɔwɛk]
rameau (m)	gałąź (f)	['gawɔ̃ɕ]

branche (f)	sęk (m)	[sɛ̃k]
bourgeon (m)	pączek (m)	['põtʃɛk]
aiguille (f)	igła (f)	['igwa]
pomme (f) de pin	szyszka (f)	['ʃɪʃka]
creux (m)	dziupla (f)	['dʒypʎa]
nid (m)	gniazdo (n)	['gɲazdɔ]
terrier (m) (~ d'un renard)	nora (f)	['nɔra]
tronc (m)	pień (m)	[peɲ]
racine (f)	korzeń (m)	['kɔʒɛɲ]
écorce (f)	kora (f)	['kɔra]
mousse (f)	mech (m)	[mɛh]
déraciner (vt)	karczować	[kartʃɔvatʃ]
abattre (un arbre)	ścinać	['ɕtʃinatʃ]
déboiser (vt)	wycinać	[vɪ'tʃinatʃ]
souche (f)	pieniek (m)	['penek]
feu (m) de bois	ognisko (n)	[ɔg'niskɔ]
incendie (m)	pożar (m)	['pɔʒar]
éteindre (feu)	gasić	['gaɕitʃ]
garde (m) forestier	leśnik (m)	['leɕnik]
protection (f)	ochrona (f)	[ɔh'rɔna]
protéger (vt)	chronić	['hrɔnitʃ]
braconnier (m)	kłusownik (m)	[kwu'sɔvnik]
piège (m) à mâchoires	potrzask (m)	['pɔtʃask]
cueillir (vt)	zbierać	['zberatʃ]
s'égarer (vp)	zabłądzić	[zab'wõdʒitʃ]

84. Les ressources naturelles

ressources (f pl) naturelles	zasoby (pl) naturalne	[za'sɔbɪ natu'raʎnɛ]
minéraux (m pl)	kopaliny (pl) użyteczne	[kɔpa'linɪ uʒɪ'tɛtʃnɛ]
gisement (m)	złoża (pl)	['zwɔʒa]
champ (m) (~ pétrolifère)	złoże (n)	['zwɔʒɛ]
extraire (vt)	wydobywać	[vɪdɔ'bɪvatʃ]
extraction (f)	wydobywanie (n)	[vɪdɔbɪ'vane]
minerai (m)	ruda (f)	['ruda]
mine (f) (site)	kopalnia (f) rudy	[kɔ'paʎɲa 'rudɪ]
puits (m) de mine	szyb (m)	[ʃɪb]
mineur (m)	górnik (m)	['gurnik]
gaz (m)	gaz (m)	[gas]
gazoduc (m)	gazociąg (m)	[ga'zɔtʃõk]
pétrole (m)	ropa (f) naftowa	['rɔpa naf'tɔva]
pipeline (m)	rurociąg (m)	[ru'rɔtʃõk]
tour (f) de forage	szyb (m) naftowy	[ʃɪp naf'tɔvɪ]
derrick (m)	wieża (f) wiertnicza	['veʒa vert'nitʃa]
pétrolier (m)	tankowiec (m)	[ta'ŋkɔvetʃs]

sable (m)	piasek (m)	['pʲasɛk]
calcaire (m)	wapień (m)	['vapeɲ]
gravier (m)	żwir (m)	[ʒvir]
tourbe (f)	torf (m)	[tɔrf]
argile (f)	glina (f)	['glina]
charbon (m)	węgiel (m)	['vɛɲeʎ]
fer (m)	żelazo (n)	[ʒɛ'ʎazɔ]
or (m)	złoto (n)	['zwɔtɔ]
argent (m)	srebro (n)	['srɛbrɔ]
nickel (m)	nikiel (n)	['nikeʎ]
cuivre (m)	miedź (f)	[metʃ]
zinc (m)	cynk (m)	[ʦɪŋk]
manganèse (m)	mangan (m)	['maŋan]
mercure (m)	rtęć (f)	[rtɛ̃tʃ]
plomb (m)	ołów (m)	['ɔwuf]
minéral (m)	minerał (m)	[mi'nɛraw]
cristal (m)	kryształ (m)	['krɪʃtaw]
marbre (m)	marmur (m)	['marmur]
uranium (m)	uran (m)	['uran]

85. Le temps

temps (m)	pogoda (f)	[pɔ'gɔda]
météo (f)	prognoza (f) pogody	[prɔg'nɔza pɔ'gɔdɪ]
température (f)	temperatura (f)	[tɛmpɛra'tura]
thermomètre (m)	termometr (m)	[tɛr'mɔmɛtr]
baromètre (m)	barometr (m)	[ba'rɔmɛtr]
humidité (f)	wilgoć (f)	['viʎgɔtʃ]
chaleur (f) (canicule)	żar (m)	[ʒar]
torride (adj)	upalny, gorący	[u'paʎnɪ], [gɔ'rɔ̃tsɪ]
il fait très chaud	gorąco	[gɔ'rɔ̃tsɔ]
il fait chaud	ciepło	['tʃepwɔ]
chaud (modérément)	ciepły	['tʃepwɪ]
il fait froid	zimno	['ʒimnɔ]
froid (adj)	zimny	['ʒimnɪ]
soleil (m)	słońce (n)	['swɔɲtsɛ]
briller (soleil)	świecić	['ɕfetʃitʃ]
ensoleillé (jour ~)	słoneczny	[swɔ'nɛtʃnɪ]
se lever (vp)	wzejść	[vzɛjɕtʃ]
se coucher (vp)	zajść	[zajɕtʃ]
nuage (m)	obłok (m)	['ɔbwɔk]
nuageux (adj)	zachmurzony	[zahmu'ʒɔnɪ]
nuée (f)	chmura (f)	['hmura]
sombre (adj)	pochmurny	[pɔh'murnɪ]
pluie (f)	deszcz (m)	[dɛʃtʃ]
il pleut	pada deszcz	['pada dɛʃtʃ]

pluvieux (adj)	deszczowy	[dɛʃˈʃɔvɪ]
bruiner (v imp)	mżyć	[mʒɪtʃ]
pluie (f) torrentielle	ulewny deszcz (m)	[uˈlɛvnɪ dɛʃtʃ]
averse (f)	ulewa (f)	[uˈlɛva]
forte (la pluie ~)	silny	[ˈɕiʎnɪ]
flaque (f)	kałuża (f)	[kaˈwuʒa]
se faire mouiller	moknąć	[ˈmɔknɔ̃tʃ]
brouillard (m)	mgła (f)	[mɡwa]
brumeux (adj)	mglisty	[ˈmɡlistɪ]
neige (f)	śnieg (m)	[ɕnek]
il neige	pada śnieg	[ˈpada ɕnek]

86. Les intempéries. Les catastrophes naturelles

orage (m)	burza (f)	[ˈbuʒa]
éclair (m)	błyskawica (f)	[bwɪskaˈvitsa]
éclater (foudre)	błyskać	[ˈbwɪskatʃ]
tonnerre (m)	grzmot (m)	[ɡʒmɔt]
gronder (tonnerre)	grzmieć	[ɡʒmetʃ]
le tonnerre gronde	grzmi	[ɡʒmi]
grêle (f)	grad (m)	[ɡrat]
il grêle	pada grad	[ˈpada ɡrat]
inonder (vt)	zatopić	[zaˈtɔpitʃ]
inondation (f)	powódź (f)	[ˈpɔvutʃ]
tremblement (m) de terre	trzęsienie (n) ziemi	[tʃɛ̃ˈɕene ˈʑemi]
secousse (f)	wstrząs (m)	[fstʃɔ̃s]
épicentre (m)	epicentrum (n)	[ɛpiˈtsɛntrum]
éruption (f)	wybuch (m)	[ˈvɪbuh]
lave (f)	lawa (f)	[ˈʎava]
tourbillon (m)	trąba (f) powietrzna	[ˈtrɔ̃ba pɔˈvetʃna]
tornade (f)	tornado (n)	[tɔrˈnadɔ]
typhon (m)	tajfun (m)	[ˈtajfun]
ouragan (m)	huragan (m)	[huˈragan]
tempête (f)	burza (f)	[ˈbuʒa]
tsunami (m)	tsunami (n)	[ʦuˈnami]
cyclone (m)	cyklon (m)	[ˈʦɪklɔn]
intempéries (f pl)	niepogoda (f)	[nepɔˈgɔda]
incendie (m)	pożar (m)	[ˈpɔʒar]
catastrophe (f)	katastrofa (f)	[katastˈrɔfa]
météorite (m)	meteoryt (m)	[mɛtɛˈɔrɪt]
avalanche (f)	lawina (f)	[ʎaˈvina]
éboulement (m)	lawina (f)	[ʎaˈvina]
blizzard (m)	zamieć (f)	[ˈzametʃ]
tempête (f) de neige	śnieżyca (f)	[ɕneˈʒɪʦa]

LA FAUNE

87. Les mammifères. Les prédateurs

prédateur (m)	drapieżnik (m)	[dra'peʒnik]
tigre (m)	tygrys (m)	['tɪgrɪs]
lion (m)	lew (m)	[lef]
loup (m)	wilk (m)	[viʎk]
renard (m)	lis (m)	[lis]
jaguar (m)	jaguar (m)	[ja'guar]
léopard (m)	lampart (m)	['ʎampart]
guépard (m)	gepard (m)	['gɛpart]
panthère (f)	pantera (f)	[pan'tɛra]
puma (m)	puma (f)	['puma]
léopard (m) de neiges	irbis (m)	['irbis]
lynx (m)	ryś (m)	[rɪɕ]
coyote (m)	kojot (m)	['kɔɜt]
chacal (m)	szakal (m)	['ʃakaʎ]
hyène (f)	hiena (f)	['hʰena]

88. Les animaux sauvages

animal (m)	zwierzę (n)	['zveʒɛ̃]
bête (f)	dzikie zwierzę (n)	['dʒike 'zveʒɛ̃]
écureuil (m)	wiewiórka (f)	[ve'vyrka]
hérisson (m)	jeż (m)	[eʃ]
lièvre (m)	zając (m)	['zaɔ̃ts]
lapin (m)	królik (m)	['krulik]
blaireau (m)	borsuk (m)	['bɔrsuk]
raton (m)	szop (m)	[ʃɔp]
hamster (m)	chomik (m)	['hɔmik]
marmotte (f)	świstak (m)	['ɕfistak]
taupe (f)	kret (m)	[krɛt]
souris (f)	mysz (f)	[mɪʃ]
rat (m)	szczur (m)	[ʃtʃur]
chauve-souris (f)	nietoperz (m)	[ne'tɔpɛʃ]
hermine (f)	gronostaj (m)	[grɔ'nɔstaj]
zibeline (f)	soból (m)	['sɔbuʎ]
martre (f)	kuna (f)	['kuna]
belette (f)	łasica (f)	[wa'ɕitsa]
vison (m)	norka (f)	['nɔrka]

castor (m)	**bóbr** (m)	[bubr]
loutre (f)	**wydra** (f)	['vɪdra]
cheval (m)	**koń** (m)	[kɔɲ]
élan (m)	**łoś** (m)	[wɔɕ]
cerf (m)	**jeleń** (m)	['eleɲ]
chameau (m)	**wielbłąd** (m)	['veʎbwɔ̃t]
bison (m)	**bizon** (m)	['bizɔn]
aurochs (m)	**żubr** (m)	[ʒubr]
buffle (m)	**bawół** (m)	['bavuw]
zèbre (m)	**zebra** (f)	['zɛbra]
antilope (f)	**antylopa** (f)	[antɪ'lɜpa]
chevreuil (m)	**sarna** (f)	['sarna]
biche (f)	**łania** (f)	['waɲa]
chamois (m)	**kozica** (f)	[kɔ'ʑitsa]
sanglier (m)	**dzik** (m)	[dʑik]
baleine (f)	**wieloryb** (m)	[ve'lɜrɪp]
phoque (m)	**foka** (f)	['fɔka]
morse (m)	**mors** (m)	[mɔrs]
ours (m) de mer	**kot** (m) **morski**	[kɔt 'mɔrski]
dauphin (m)	**delfin** (m)	['dɛʎfin]
ours (m)	**niedźwiedź** (m)	['nedʑvetʃ]
ours (m) blanc	**niedźwiedź** (m) **polarny**	['nedʑvetʃ pɔ'ʎarnɪ]
panda (m)	**panda** (f)	['panda]
singe (m)	**małpa** (f)	['mawpa]
chimpanzé (m)	**szympans** (m)	['ʃimpans]
orang-outang (m)	**orangutan** (m)	[ɔra'ɲutan]
gorille (m)	**goryl** (m)	['gɔrɪʎ]
macaque (m)	**makak** (m)	['makak]
gibbon (m)	**gibon** (m)	['gibɔn]
éléphant (m)	**słoń** (m)	['swɔɲ]
rhinocéros (m)	**nosorożec** (m)	[nɔsɔ'rɔʒɛts]
girafe (f)	**żyrafa** (f)	[ʒɪ'rafa]
hippopotame (m)	**hipopotam** (m)	[hipɔ'pɔtam]
kangourou (m)	**kangur** (m)	['kaɲur]
koala (m)	**koala** (f)	[kɔ'aʎa]
mangouste (f)	**mangusta** (f)	[ma'ɲusta]
chinchilla (m)	**szynszyla** (f)	[ʃɪn'ʃɪʎa]
mouffette (f)	**skunks** (m)	[skuɲks]
porc-épic (m)	**jeżozwierz** (m)	[e'ʒɔzveʃ]

89. Les animaux domestiques

chat (m) (femelle)	**kotka** (f)	['kɔtka]
chat (m) (mâle)	**kot** (m)	[kɔt]
chien (m)	**pies** (m)	[pɛs]

cheval (m)	koń (m)	[kɔɲ]
étalon (m)	źrebak (m), ogier (m)	['zʲrɛbak], ['ɔgjer]
jument (f)	klacz (f)	[kʎatʃ]

vache (f)	krowa (f)	['krɔva]
taureau (m)	byk (m)	[bɪk]
bœuf (m)	wół (m)	[vuw]

brebis (f)	owca (f)	['ɔftsa]
mouton (m)	baran (m)	['baran]
chèvre (f)	koza (f)	['kɔza]
bouc (m)	kozioł (m)	['kɔʒɛw]

| âne (m) | osioł (m) | ['ɔɕɛw] |
| mulet (m) | muł (m) | [muw] |

cochon (m)	świnia (f)	['ɕfiɲa]
pourceau (m)	prosiak (m)	['prɔɕak]
lapin (m)	królik (m)	['krulik]

| poule (f) | kura (f) | ['kura] |
| coq (m) | kogut (m) | ['kɔgut] |

canard (m)	kaczka (f)	['katʃka]
canard (m) mâle	kaczor (m)	['katʃɔr]
oie (f)	gęś (f)	[gɛ̃ɕ]

| dindon (m) | indyk (m) | ['indɪk] |
| dinde (f) | indyczka (f) | [in'dɪtʃka] |

animaux (m pl) domestiques	zwierzęta (pl) domowe	[zve'ʒɛnta dɔ'mɔvɛ]
apprivoisé (adj)	oswojony	[ɔsfɔɔnɪ]
apprivoiser (vt)	oswajać	[ɔs'fajatʃ]
élever (vt)	hodować	[hɔ'dɔvatʃ]

ferme (f)	ferma (f)	['fɛrma]
volaille (f)	drób (m)	[drup]
bétail (m)	bydło (n)	['bɪdwɔ]
troupeau (m)	stado (n)	['stadɔ]

écurie (f)	stajnia (f)	['stajɲa]
porcherie (f)	chlew (m)	[hlef]
vacherie (f)	obora (f)	[ɔ'bɔra]
cabane (f) à lapins	klatka (f) dla królików	['klatka dʎa krɔ'likɔf]
poulailler (m)	kurnik (m)	['kurnik]

90. Les oiseaux

oiseau (m)	ptak (m)	[ptak]
pigeon (m)	gołąb (m)	['gɔwɔ̃p]
moineau (m)	wróbel (m)	['vrubɛʎ]
mésange (f)	sikorka (f)	[ɕi'kɔrka]
pie (f)	sroka (f)	['srɔka]
corbeau (m)	kruk (m)	[kruk]

corneille (f)	**wrona** (f)	['vrɔna]
choucas (m)	**kawka** (f)	['kafka]
freux (m)	**gawron** (m)	['gavrɔn]
canard (m)	**kaczka** (f)	['katʃka]
oie (f)	**gęś** (f)	[gɛ̃ɕ]
faisan (m)	**bażant** (m)	['baʒant]
aigle (m)	**orzeł** (m)	['ɔʒɛw]
épervier (m)	**jastrząb** (m)	['jastʃɔ̃p]
faucon (m)	**sokół** (m)	['sɔkuw]
vautour (m)	**sęp** (m)	[sɛ̃p]
condor (m)	**kondor** (m)	['kɔndɔr]
cygne (m)	**łabędź** (m)	['wabɛ̃tʃ]
grue (f)	**żuraw** (m)	['ʒuraf]
cigogne (f)	**bocian** (m)	['bɔtʃan]
perroquet (m)	**papuga** (f)	[pa'puga]
colibri (m)	**koliber** (m)	[kɔ'libɛr]
paon (m)	**paw** (m)	[paf]
autruche (f)	**struś** (m)	[struɕ]
héron (m)	**czapla** (f)	['tʃapʎa]
flamant (m)	**flaming** (m)	['fʎamiŋ]
pélican (m)	**pelikan** (m)	[pɛ'likan]
rossignol (m)	**słowik** (m)	['swɔvik]
hirondelle (f)	**jaskółka** (f)	[jas'kuwka]
merle (m)	**drozd** (m)	[drɔst]
grive (f)	**drozd śpiewak** (m)	[drɔst 'ɕpevak]
merle (m) noir	**kos** (m)	[kɔs]
martinet (m)	**jerzyk** (m)	['eʒɪk]
alouette (f) des champs	**skowronek** (m)	[skɔv'rɔnɛk]
caille (f)	**przepiórka** (f)	[pʃɛ'pyrka]
pivert (m)	**dzięcioł** (m)	['dʒɛ̃tʃɔw]
coucou (m)	**kukułka** (f)	[ku'kuwka]
chouette (f)	**sowa** (f)	['sɔva]
hibou (m)	**puchacz** (m)	['puhatʃ]
tétras (m)	**głuszec** (m)	['gwuʃɛts]
tétras-lyre (m)	**cietrzew** (m)	['tʃetʃɛf]
perdrix (f)	**kuropatwa** (f)	[kurɔ'patfa]
étourneau (m)	**szpak** (m)	[ʃpak]
canari (m)	**kanarek** (m)	[ka'narɛk]
gélinotte (f) des bois	**jarząbek** (m)	[ja'ʒɔ̃bɛk]
pinson (m)	**zięba** (f)	['ʒɛ̃ba]
bouvreuil (m)	**gil** (m)	[giʎ]
mouette (f)	**mewa** (f)	['mɛva]
albatros (m)	**albatros** (m)	[aʎ'batrɔs]
pingouin (m)	**pingwin** (m)	['piŋvin]

91. Les poissons. Les animaux marins

brème (f)	leszcz (m)	[leʃtʃ]
carpe (f)	karp (m)	[karp]
perche (f)	okoń (m)	[ˈɔkɔɲ]
silure (m)	sum (m)	[sum]
brochet (m)	szczupak (m)	[ˈʃtʃupak]

saumon (m)	łosoś (m)	[ˈwɔsɔɕ]
esturgeon (m)	jesiotr (m)	[ˈeɕɜtr]

hareng (m)	śledź (m)	[ɕletʃ]
saumon (m) atlantique	łosoś (m)	[ˈwɔsɔɕ]
maquereau (m)	makrela (f)	[makˈrɛla]
flet (m)	flądra (f)	[flõdra]

sandre (f)	sandacz (m)	[ˈsandatʃ]
morue (f)	dorsz (m)	[dɔrʃ]
thon (m)	tuńczyk (m)	[ˈtuɲtʃik]
truite (f)	pstrąg (m)	[pstrõk]

anguille (f)	węgorz (m)	[ˈvɛŋɔʃ]
torpille (f)	drętwa (f)	[ˈdrɛntfa]
murène (f)	murena (f)	[muˈrɛna]
piranha (m)	pirania (f)	[piˈraɲja]

requin (m)	rekin (m)	[ˈrɛkin]
dauphin (m)	delfin (m)	[ˈdɛʎfin]
baleine (f)	wieloryb (m)	[veˈlɜrip]

crabe (m)	krab (m)	[krap]
méduse (f)	meduza (f)	[mɛˈduza]
pieuvre (f), poulpe (m)	ośmiornica (f)	[ɔɕmɜrˈnitsa]

étoile (f) de mer	rozgwiazda (f)	[rɔzgˈvʲazda]
oursin (m)	jeżowiec (m)	[eˈʒɔvets]
hippocampe (m)	konik (m) morski	[ˈkɔnik ˈmɔrski]

huître (f)	ostryga (f)	[ɔstˈriga]
crevette (f)	krewetka (f)	[krɛˈvɛtka]
homard (m)	homar (m)	[ˈhɔmar]
langoustine (f)	langusta (f)	[ʎaˈŋusta]

92. Les amphibiens. Les reptiles

serpent (m)	wąż (m)	[võʃ]
venimeux (adj)	jadowity	[jadɔˈvitɪ]

vipère (f)	żmija (f)	[ˈʒmija]
cobra (m)	kobra (f)	[ˈkɔbra]
python (m)	pyton (m)	[ˈpɪtɔn]
boa (m)	wąż dusiciel (m)	[võʒ duˈɕitʃeʎ]
couleuvre (f)	zaskroniec (m)	[zaskˈrɔnets]

| serpent (m) à sonnettes | grzechotnik (m) | [gʒɛ'hɔtnik] |
| anaconda (m) | anakonda (f) | [ana'kɔnda] |

lézard (m)	jaszczurka (f)	[jaʃt'ʃurka]
iguane (m)	legwan (m)	['legvan]
varan (m)	waran (m)	['varan]
salamandre (f)	salamandra (f)	[saʎa'mandra]
caméléon (m)	kameleon (m)	[kamɛ'leɔn]
scorpion (m)	skorpion (m)	['skɔrpʰɜn]

tortue (f)	żółw (m)	[ʒuwf]
grenouille (f)	żaba (f)	['ʒaba]
crapaud (m)	ropucha (f)	[rɔ'puha]
crocodile (m)	krokodyl (m)	[krɔ'kɔdɨʎ]

93. Les insectes

insecte (m)	owad (m)	['ɔvat]
papillon (m)	motyl (m)	['mɔtɨʎ]
fourmi (f)	mrówka (f)	['mrufka]
mouche (f)	mucha (f)	['muha]
moustique (m)	komar (m)	['kɔmar]
scarabée (m)	żuk (m), chrząszcz (m)	[ʒuk], [hʃɔ̃ʃtʃ]

guêpe (f)	osa (f)	['ɔsa]
abeille (f)	pszczoła (f)	['pʃtʃɔwa]
bourdon (m)	trzmiel (m)	[tʃmeʎ]
œstre (m)	giez (m)	[ges]

| araignée (f) | pająk (m) | ['paɔ̃k] |
| toile (f) d'araignée | pajęczyna (f) | [paɛ̃t'ʃina] |

libellule (f)	ważka (f)	['vaʃka]
sauterelle (f)	konik (m) polny	['kɔnik 'pɔʎnɨ]
papillon (m)	omacnica (f)	[ɔmats'nitsa]

cafard (m)	karaluch (m)	[ka'ralyh]
tique (f)	kleszcz (m)	[kleʃtʃ]
puce (f)	pchła (f)	[phwa]
moucheron (m)	meszka (f)	['mɛʃka]

criquet (m)	szarańcza (f)	[ʃa'raɲtʃa]
escargot (m)	ślimak (m)	['ɕlimak]
grillon (m)	świerszcz (m)	[ɕferʃtʃ]
luciole (f)	robaczek (m) świętojański	[rɔ'batʃɛk ɕfɛ̃tɔ'jaɲski]
coccinelle (f)	biedronka (f)	[bed'rɔŋka]
hanneton (m)	chrabąszcz (m) majowy	['hrabɔ̃ʃtʃ maʒvɨ]

sangsue (f)	pijawka (f)	[pi'jafka]
chenille (f)	gąsienica (f)	[gɔ̃ɕe'nitsa]
ver (m)	robak (m)	['rɔbak]
larve (f)	poczwarka (f)	[pɔtʃ'farka]

LA FLORE

94. Les arbres

arbre (m)	drzewo (n)	['dʒɛvɔ]
à feuilles caduques	liściaste	[liɕ'tʃastɛ]
conifère (adj)	iglaste	[ig'ʎastɛ]
à feuilles persistantes	wiecznie zielony	[vetʃnɛʒe'lɔnɪ]
pommier (m)	jabłoń (f)	['jabwɔɲ]
poirier (m)	grusza (f)	['gruʃa]
merisier (m)	czereśnia (f)	[tʃɛ'rɛɕɲa]
cerisier (m)	wiśnia (f)	['viɕɲa]
prunier (m)	śliwa (f)	['ɕliva]
bouleau (m)	brzoza (f)	['bʒɔza]
chêne (m)	dąb (m)	[dɔ̃p]
tilleul (m)	lipa (f)	['lipa]
tremble (m)	osika (f)	[ɔ'ɕika]
érable (m)	klon (m)	['klɔn]
épicéa (m)	świerk (m)	['ɕferk]
pin (m)	sosna (f)	['sɔsna]
mélèze (m)	modrzew (m)	['mɔdʒɛf]
sapin (m)	jodła (f)	[ʒdwa]
cèdre (m)	cedr (m)	[tsɛdr]
peuplier (m)	topola (f)	[tɔ'pɔʎa]
sorbier (m)	jarzębina (f)	[jaʒɛ̃'bina]
saule (m)	wierzba iwa (f)	['veʒba 'iva]
aune (m)	olcha (f)	['ɔʎha]
hêtre (m)	buk (m)	[buk]
orme (m)	wiąz (m)	[vɔ̃z]
frêne (m)	jesion (m)	['eɕɔn]
marronnier (m)	kasztan (m)	['kaʃtan]
magnolia (m)	magnolia (f)	[mag'nɔʎja]
palmier (m)	palma (f)	['paʎma]
cyprès (m)	cyprys (m)	['tsɪprɪs]
palétuvier (m)	drzewo (n) mangrowe	['dʒɛvɔ maɲ'rɔvɛ]
baobab (m)	baobab (m)	[ba'ɔbap]
eucalyptus (m)	eukaliptus (m)	[ɛuka'liptus]
séquoia (m)	sekwoja (f)	[sɛk'fɔja]

95. Les arbustes

buisson (m)	krzew (m)	[kʃɛf]
arbrisseau (m)	krzaki (pl)	['kʃaki]

| vigne (f) | winorośl (f) | [vi'nɔrɔɕʎ] |
| vigne (f) (vignoble) | winnica (f) | [vi'ɲitsa] |

framboise (f)	malina (f)	[ma'lina]
groseille (f) rouge	porzeczka (f) czerwona	[pɔ'ʒɛtʃka tʃɛr'vɔna]
groseille (f) verte	agrest (m)	['agrɛst]

acacia (m)	akacja (f)	[a'katsʰja]
berbéris (m)	berberys (m)	[bɛr'bɛrɨs]
jasmin (m)	jaśmin (m)	['jaɕmin]

genévrier (m)	jałowiec (m)	[ja'wɔvets]
rosier (m)	róża (f)	['ruʒa]
églantier (m)	dzika róża (f)	['dʑika 'ruʒa]

96. Les fruits. Les baies

fruit (m)	owoc (m)	['ɔvɔts]
fruits (m pl)	owoce (pl)	[ɔ'vɔtsɛ]
pomme (f)	jabłko (n)	['jabkɔ]
poire (f)	gruszka (f)	['gruʃka]
prune (f)	śliwka (f)	['ɕlifka]

fraise (f)	truskawka (f)	[trus'kafka]
cerise (f)	wiśnia (f)	['viɕɲa]
merise (f)	czereśnia (f)	[tʃɛ'rɛɕɲa]
raisin (m)	winogrona (pl)	[vinɔg'rɔna]

framboise (f)	malina (f)	[ma'lina]
cassis (m)	czarna porzeczka (f)	['tʃarna pɔ'ʒɛtʃka]
groseille (f) rouge	czerwona porzeczka (f)	[tʃɛr'vɔna pɔ'ʒɛtʃka]

| groseille (f) verte | agrest (m) | ['agrɛst] |
| canneberge (f) | żurawina (f) | [ʒura'vina] |

orange (f)	pomarańcza (f)	[pɔma'raɲtʃa]
mandarine (f)	mandarynka (f)	[manda'rɨnka]
ananas (m)	ananas (f)	[a'nanas]

| banane (f) | banan (m) | ['banan] |
| datte (f) | daktyl (m) | ['daktɨl] |

citron (m)	cytryna (f)	[tsɨt'rɨna]
abricot (m)	morela (f)	[mɔ'rɛʎa]
pêche (f)	brzoskwinia (f)	[bʒɔsk'fiɲa]

| kiwi (m) | kiwi (n) | ['kivi] |
| pamplemousse (m) | grejpfrut (m) | ['grɛjpfrut] |

baie (f)	jagoda (f)	[ja'gɔda]
baies (f pl)	jagody (pl)	[ja'gɔdɨ]
airelle (f) rouge	borówka (f)	[bɔ'rufka]
fraise (f) des bois	poziomka (f)	[pɔ'ʑɔmka]
myrtille (f)	borówka (f) czarna	[bɔ'rɔfka 'tʃarna]

97. Les fleurs. Les plantes

fleur (f)	kwiat (m)	[kfʲat]
bouquet (m)	bukiet (m)	['buket]
rose (f)	róża (f)	['ruʒa]
tulipe (f)	tulipan (m)	[tu'lipan]
oeillet (m)	goździk (m)	['goʑʲdʑik]
glaïeul (m)	mieczyk (m)	['metʃik]
bleuet (m)	bławatek (m)	[bwa'vatɛk]
campanule (f)	dzwonek (m)	['dzvonɛk]
dent-de-lion (f)	dmuchawiec (m)	[dmu'haveʦ]
marguerite (f)	rumianek (m)	[ru'mʲanɛk]
aloès (m)	aloes (m)	[a'lɜɛs]
cactus (m)	kaktus (m)	['kaktus]
ficus (m)	fikus (m)	['fikus]
lis (m)	lilia (f)	['liʎja]
géranium (m)	pelargonia (f)	[pɛʎar'gɔɲja]
jacinthe (f)	hiacynt (m)	['hʲjatsɪnt]
mimosa (m)	mimoza (f)	[mi'mɔza]
jonquille (f)	narcyz (m)	['nartsɪs]
capucine (f)	nasturcja (f)	[nas'turʦʰja]
orchidée (f)	orchidea (f)	[ɔrhi'dɛa]
pivoine (f)	piwonia (f)	[pi'vɔɲja]
violette (f)	fiołek (m)	[fʲ3wɛk]
pensée (f)	bratek (m)	['bratɛk]
myosotis (m)	niezapominajka (f)	[nezapomi'najka]
pâquerette (f)	stokrotka (f)	[stɔk'rɔtka]
coquelicot (m)	mak (m)	[mak]
chanvre (m)	konopie (pl)	[kɔ'nɔpje]
menthe (f)	mięta (f)	['menta]
muguet (m)	konwalia (f)	[kɔn'vaʎja]
perce-neige (f)	przebiśnieg (m)	[pʃɛ'biɕnek]
ortie (f)	pokrzywa (f)	[pɔk'ʃiva]
oseille (f)	szczaw (m)	[ʃʧaf]
nénuphar (m)	lilia wodna (f)	['liʎja 'vɔdna]
fougère (f)	paproć (f)	['paprɔʧ]
lichen (m)	porost (m)	['pɔrɔst]
serre (f) tropicale	szklarnia (f)	['ʃkʎarɲa]
gazon (m)	trawnik (m)	['travnik]
parterre (m) de fleurs	klomb (m)	['klɜmp]
plante (f)	roślina (f)	[rɔɕ'lina]
herbe (f)	trawa (f)	['trava]
brin (m) d'herbe	źdźbło (n)	[zʲdʒʲbwɔ]

feuille (f)	liść (m)	[liɕtʃ]
pétale (m)	płatek (m)	['pwatɛk]
tige (f)	łodyga (f)	[wɔ'dɨga]
tubercule (m)	bulwa (f)	['buʎva]

| pousse (f) | kiełek (m) | ['kewɛk] |
| épine (f) | kolec (m) | ['kɔlets] |

fleurir (vi)	kwitnąć	['kfitnɔ̃tʃ]
se faner (vp)	więdnąć	['vendnɔ̃tʃ]
odeur (f)	zapach (m)	['zapah]
couper (vt)	ściąć	[ɕtʃɔ̃tʃ]
cueillir (fleurs)	zerwać	['zɛrvatʃ]

98. Les céréales

grains (m pl)	zboże (n)	['zbɔʒɛ]
céréales (f pl) (plantes)	zboża (pl)	['zbɔʒa]
épi (m)	kłos (m)	[kwɔs]

blé (m)	pszenica (f)	[pʃɛ'nitsa]
seigle (m)	żyto (n)	['ʒɨtɔ]
avoine (f)	owies (m)	['ɔves]
millet (m)	proso (n)	['prɔsɔ]
orge (f)	jęczmień (m)	['entʃmɛ̃]

maïs (m)	kukurydza (f)	[kuku'rɨdza]
riz (m)	ryż (m)	[rɨʃ]
sarrasin (m)	gryka (f)	['grɨka]

pois (m)	groch (m)	[grɔh]
haricot (m)	fasola (f)	[fa'sɔʎa]
soja (m)	soja (f)	['sɔja]
lentille (f)	soczewica (f)	[sɔtʃɛ'vitsa]
fèves (f pl)	bób (m)	[bup]

LES PAYS DU MONDE

99. Les pays du monde. Partie 1

Afghanistan (m)	Afganistan (n)	[avga'nistan]
Albanie (f)	Albania (f)	[aʎ'baɲja]
Allemagne (f)	Niemcy (pl)	['nemʦɪ]
Angleterre (f)	Anglia (f)	['aŋʎja]
Arabie (f) Saoudite	Arabia (f) Saudyjska	[a'rabʰja sau'dɪjska]
Argentine (f)	Argentyna (f)	[argɛn'tɪna]
Arménie (f)	Armenia (f)	[ar'mɛɲja]
Australie (f)	Australia (f)	[aust'raʎja]
Autriche (f)	Austria (f)	['austrʰja]
Azerbaïdjan (m)	Azerbejdżan (m)	[azɛr'bɛjʤan]

Bahamas (f pl)	Wyspy (pl) Bahama	['vɪspɪ ba'hama]
Bangladesh (m)	Bangladesz (m)	[baŋʎa'dɛʃ]
Belgique (f)	Belgia (f)	['bɛʎgʰja]
Biélorussie (f)	Białoruś (f)	[bʲa'woruɕ]
Bolivie (f)	Boliwia (f)	[bɔ'livʰja]
Bosnie (f)	Bośnia i Hercegowina (f)	['bɔɕɲa i hɛrʦɛgɔ'vina]
Brésil (m)	Brazylia (f)	[bra'zɪʎja]
Bulgarie (f)	Bułgaria (f)	[buw'garʰja]

Cambodge (m)	Kambodża (f)	[kam'bɔʤa]
Canada (m)	Kanada (f)	[ka'nada]
Chili (m)	Chile (n)	['ʧile]
Chine (f)	Chiny (pl)	['hinɪ]
Chypre (m)	Cypr (m)	[ʦɪpr]
Colombie (f)	Kolumbia (f)	[kɔ'lymbʰja]
Corée (f) du Nord	Korea (f) Północna	[kɔ'rɛa puw'nɔʦna]
Corée (f) du Sud	Korea (f) Południowa	[kɔ'rɛa pɔwud'nɔva]
Croatie (f)	Chorwacja (f)	[hɔr'vaʦʰja]
Cuba (f)	Kuba (f)	['kuba]

Danemark (m)	Dania (f)	['daɲja]
Écosse (f)	Szkocja (f)	['ʃkɔʦʰja]
Égypte (f)	Egipt (m)	['ɛgipt]
Équateur (m)	Ekwador (m)	[ɛk'fadɔr]
Espagne (f)	Hiszpania (f)	[hiʃ'paɲja]
Estonie (f)	Estonia (f)	[ɛs'tɔɲja]
Les États Unis	Stany (pl) Zjednoczone Ameryki	['stanɪ zʰednɔt'ʃɔnɛ a'mɛrɪki]

Fédération (f) des Émirats Arabes Unis	Zjednoczone Emiraty Arabskie	[zʰednɔt'ʃɔnɛ ɛmi'ratɪ a'rapske]
Finlande (f)	Finlandia (f)	[fin'ʎandʰja]
France (f)	Francja (f)	['franʦʰja]
Géorgie (f)	Gruzja (f)	['gruzʰja]
Ghana (m)	Ghana (f)	['gana]

| Grande-Bretagne (f) | Wielka Brytania (f) | [ˈveʎka brɪˈtaɲja] |
| Grèce (f) | Grecja (f) | [ˈgrɛtsʰja] |

100. Les pays du monde. Partie 2

| Haïti (m) | Haiti (n) | [haˈiti] |
| Hongrie (f) | Węgry (pl) | [ˈvɛŋrɪ] |

Inde (f)	Indie (pl)	[ˈindʰe]
Indonésie (f)	Indonezja (f)	[indɔˈnɛzʰja]
Iran (m)	Iran (m)	[ˈiran]
Iraq (m)	Irak (m)	[ˈirak]
Irlande (f)	Irlandia (f)	[irˈʎandʰja]
Islande (f)	Islandia (f)	[isˈʎandʰja]

| Israël (m) | Izrael (m) | [izˈraɛʎ] |
| Italie (f) | Włochy (pl) | [ˈvwɔhɪ] |

Jamaïque (f)	Jamajka (f)	[jaˈmajka]
Japon (m)	Japonia (f)	[jaˈpɔɲja]
Jordanie (f)	Jordania (f)	[ɜrˈdaɲja]
Kazakhstan (m)	Kazachstan (m)	[kaˈzahstan]
Kenya (m)	Kenia (f)	[ˈkɛɲja]

| Kirghizistan (m) | Kirgizja (f), Kirgistan (m) | [kirˈgizʰja], [kirˈgistan] |
| Koweït (m) | Kuwejt (m) | [ˈkuvɛjt] |

Laos (m)	Laos (m)	[ˈʎaɔs]
Lettonie (f)	Łotwa (f)	[ˈwɔtfa]
Liban (m)	Liban (m)	[ˈliban]
Libye (f)	Libia (f)	[ˈlibʰja]
Liechtenstein (m)	Liechtenstein (m)	[ˈlihtɛnʃtajn]

| Lituanie (f) | Litwa (f) | [ˈlitfa] |
| Luxembourg (m) | Luksemburg (m) | [ˈlyksɛmburk] |

Macédoine (f)	Macedonia (f)	[matsɛˈdɔɲja]
Madagascar (f)	Madagaskar (m)	[madaˈgaskar]
Malaisie (f)	Malezja (f)	[maˈlezʰja]
Malte (f)	Malta (f)	[ˈmaʎta]
Maroc (m)	Maroko (n)	[maˈrɔkɔ]

| Mexique (m) | Meksyk (m) | [ˈmɛksɪk] |
| Moldavie (f) | Mołdawia (f) | [mɔwˈdavʰja] |

Monaco (m)	Monako (n)	[mɔˈnakɔ]
Mongolie (f)	Mongolia (f)	[mɔˈŋɔʎja]
Monténégro (m)	Czarnogóra (f)	[tʃarnɔˈgura]
Myanmar (m)	Mjanma (f)	[ˈmjanma]
Namibie (f)	Namibia (f)	[naˈmibʰja]
Népal (m)	Nepal (m)	[ˈnɛpaʎ]
Norvège (f)	Norwegia (f)	[nɔrˈvɛgʰja]
Nouvelle Zélande (f)	Nowa Zelandia (f)	[ˈnɔva zɛˈʎandʰja]
Ouzbékistan (m)	Uzbekistan (m)	[uzbɛˈkistan]

101. Les pays du monde. Partie 3

Pakistan (m)	Pakistan (m)	[pa'kistan]
Palestine (f)	Autonomia (f) Palestyńska	[autɔ'nɔmʰja pales'tɪɲska]
Panamá (m)	Panama (f)	[pa'nama]
Paraguay (m)	Paragwaj (m)	[pa'ragvaj]
Pays-Bas (m)	Niderlandy (pl)	[nidɛr'ʎandɪ]

Pérou (m)	Peru (n)	['pɛru]
Pologne (f)	Polska (f)	['pɔʎska]
Polynésie (f) Française	Polinezja (f) Francuska	[poli'nɛzʰja fran'ʦuska]
Portugal (m)	Portugalia (f)	[pɔrtu'gaʎja]

République (f) Dominicaine	Dominikana (f)	[dɔmini'kana]
République (f) Sud-africaine	Afryka (f) Południowa	['afrɪka pɔwud'nɔva]
République (f) Tchèque	Czechy (pl)	['ʧɛhɪ]
Roumanie (f)	Rumunia (f)	[ru'muɲja]
Russie (f)	Rosja (f)	['rɔsʰja]

Sénégal (m)	Senegal (m)	[sɛ'nɛgaʎ]
Serbie (f)	Serbia (f)	['sɛrbʰja]
Slovaquie (f)	Słowacja (f)	[swɔ'vaʦʰja]
Slovénie (f)	Słowenia (f)	[swɔ'vɛɲja]
Suède (f)	Szwecja (f)	['ʃfɛʦʰja]
Suisse (f)	Szwajcaria (f)	[ʃfaj'ʦarʰja]
Surinam (m)	Surinam (m)	[su'rinam]
Syrie (f)	Syria (f)	['sɪrʰja]

Tadjikistan (m)	Tadżykistan (m)	[taʤɪ'kistan]
Taïwan (m)	Tajwan (m)	['tajvan]
Tanzanie (f)	Tanzania (f)	[tan'zaɲja]
Tasmanie (f)	Tasmania (f)	[tas'maɲja]
Thaïlande (f)	Tajlandia (f)	[taj'ʎandʰja]
Tunisie (f)	Tunezja (f)	[tu'nɛzʰja]
Turkménistan (m)	Turkmenia (f)	[turk'mɛɲja]
Turquie (f)	Turcja (f)	['turʦʰja]

Ukraine (f)	Ukraina (f)	[ukra'ina]
Uruguay (m)	Urugwaj (m)	[u'rugvaj]
Vatican (m)	Watykan (m)	[va'tɪkan]
Venezuela (f)	Wenezuela (f)	[vɛnɛzu'ɛʎa]
Vietnam (m)	Wietnam (m)	['vʰetnam]
Zanzibar (m)	Zanzibar (m)	[zan'zibar]

Printed in Great Britain
by Amazon

20964478R00059